João Fernandes
Rodolfo Ribas

Sobre Mentes CRIATIVAS e Empresas INOVADORAS

Copyright© 2015 por Brasport Livros e Multimídia Ltda.
Todos os direitos reservados. Nenhuma parte deste livro poderá ser reproduzida, sob qualquer meio, especialmente em fotocópia (xerox), sem a permissão, por escrito, da Editora.

Editor: Sergio Martins de Oliveira
Diretora: Rosa Maria Oliveira de Queiroz
Gerente de Produção Editorial: Marina dos Anjos Martins de Oliveira
Revisão: Mell Siciliano
Editoração Eletrônica: SBNigri Artes e Textos Ltda.
Capa: Leandro Lemos
Arte Final: Trama Criações

Técnica e muita atenção foram empregadas na produção deste livro. Porém, erros de digitação e/ou impressão podem ocorrer. Qualquer dúvida, inclusive de conceito, solicitamos enviar mensagem para editorial@brasport.com.br, para que nossa equipe, juntamente com o autor, possa esclarecer. A Brasport e o(s) autor(es) não assumem qualquer responsabilidade por eventuais danos ou perdas a pessoas ou bens, originados do uso deste livro.

F363s Fernandes, João

        Sobre mentes criativas e empresas inovadoras / João Fernandes, Rodolfo Ribas - Rio de Janeiro: Brasport, 2015.

ISBN: 978-85-7452-709-3

        1. Criatividade em negócios 2. Inovação em empresas I. Ribas, Rodolfo

        II. Título

        CDD: 650.1

Ficha catalográfica elaborada por bibliotecário – CRB7 6355

BRASPORT Livros e Multimídia Ltda.
Rua Pardal Mallet, 23 – Tijuca
20270-280 Rio de Janeiro-RJ
Tels. Fax: (21) 2568.1415/2568.1507
e-mails: marketing@brasport.com.br
             vendas@brasport.com.br
             editorial@brasport.com.br
site: **www.brasport.com.br**

Filial SP
Av. Paulista, 807 – conj. 915
01311-100 – São Paulo-SP
Tel. Fax (11): 3287.1752
e-mail: filialsp@brasport.com.br

Para a Maria Rita, minha neta linda,
Futuro do meu passado,
Horizonte da minha vida...
J. F.

Para Adriana e Camila, por ajudarem a
renovar minha vida todos os dias.
R. R.

Apresentação

O momento para começar a escrever um texto é quando você acaba de concluí-lo para sua satisfação. Nesse momento é que você começa a perceber clara e logicamente o que você realmente queria dizer.

Mark Twain[1]

Certa vez, Steve Jobs mencionou, em uma entrevista para a revista Wired, que para ele criatividade é apenas conectar pontos e que pessoas com mais experiência de vida costumam ter mais pontos para conectar. É verdade, em muitos casos criatividade pode mesmo ser conectar pontos. Entretanto, nós também acreditamos que, em muitos outros casos, a criatividade pode vir da conexão de pessoas.

"Sobre Mentes Criativas e Empresas Inovadoras" é exatamente o resultado da conexão, do encontro, de duas pessoas com trajetórias de vida muito diversas e com uma paixão comum por assuntos relacionados à capacidade humana de criar coisas novas.

O primeiro encontro entre nós, os autores deste livro, se deu em um evento organizado pela FIRJAN, a Federação das Indústrias do Estado do Rio de Janeiro. A convite da FIRJAN, Rodolfo Ribas deveria conduzir uma apresentação sobre inovação. Falaria sobretudo a partir de sua experiência como professor e pesquisador de uma universidade federal e como consultor de empresas. Já João Fernandes, um empresário profundamente interessado em inovação, tendo ele mesmo sido detentor de patentes, comparecia ao evento com parte de sua equipe de trabalho para participar de discussões sobre assuntos que tanto lhe interessam.

Quem conhece um pouco João Fernandes sabe muito bem que ele é um orador que fala com entusiasmo e paixão contagiantes sobre as coisas de que gosta. E, sendo assim, seria impossível para ele comparecer a um evento sobre inovação sem participar ativamente de todas as discussões. E foi exatamente o que aconteceu.

Certamente foi umas das melhores apresentações (se não a melhor) que Rodolfo Ribas conduziu sobre inovação para a FIRJAN. As interações com João Fernandes enriqueceram enormemente o debate e deixaram muita clara a importância da articulação entre o conhecimento científico, produzido pela academia, e o conhecimento tecnológico, produzido pela experiência empresarial, desenvolvida com muito afinco ao longo de muitos anos, para o desenvolvimento de pessoas e organizações mais inovadoras. De quebra, essa interação fez ainda surgir outra coisa muito preciosa: uma boa e nova amizade!

"Sobre Mentes Criativas e Empresas Inovadoras" busca refletir esse encontro. De um lado, procuramos reunir o que de melhor ciência e tecnologia têm desenvolvido, nos últimos anos, sobre inovação e criatividade. Conhecimento robusto, baseado em evidências substantivas, desenvolvido em instituições amplamente respeitadas. De outro, procuramos consolidar anos de experiência empresarial sobre gestão de processos criativos e inovadores. Conhecimento pessoal desenvolvido na linha de frente, dentro de organizações.

Se você tem algum interesse ou curiosidade por criatividade e inovação, provavelmente "Sobre Mentes Criativas e Empresas Inovadoras" será útil para você. Nós procuramos reunir um volume apreciável de informação sobre esses temas e decidimos utilizar uma linguagem mais informal para apresentar essas ideias. Produzir um livro academicamente honesto e, ao mesmo tempo, agradável de ler foi um de nossos principais objetivos.

Se você tem interesses um pouco mais práticos ou profissionais sobre criatividade e inovação, "Sobre Mentes Criativas e Empresas Inovadoras" poderá ser de grande valia em seu trabalho. Outra grande preocupação foi fornecer informações, ideias ou sugestões que pudessem ser, quase que imediatamente, colocadas em prática em sua vida ou em seu trabalho. Por exemplo, procuramos apresentar ideias sobre como as pessoas podem se tornar mais inovadoras ou como agir para incrementar a criatividade e a inovação em sua organização. Se você precisa lidar com questões como essas, este livro poderá ser especialmente útil para você.

"Sobre Mentes Criativas e Empresas Inovadoras" está dividido em quatro partes. Na primeira parte são apresentadas algumas ideias sobre o que vêm a ser criatividade e inovação. Para isso, foram utilizadas diferentes estratégias. Apresentações mais conceituais e até diálogos com o seu Zé, um empreendedor, vendedor ambulante de água de côco, foram produzidos. Você terá, ainda, a oportunidade de refletir sobre os desejos das organizações quando se fala em inovação.

Na segunda parte nós argumentamos que sem inovação não há salvação. Ou seja, discutimos que apenas organizações inovadoras sobreviverão aos próximos anos. Provavelmente, em nenhum outro momento da história, a inovação foi tão importante para a sobrevivência de negócios e empresas. Quem viver verá!

Na terceira parte oferecemos algumas sugestões sobre como estimular de forma efetiva a criatividade e a inovação, quer seja nas pessoas, quer seja nas organizações. Como veremos, há muito folclore em torno desse assunto. Certamente comer mais cenouras não vai deixar ninguém mais criativo. Mas, por outro lado, podemos afirmar que existem formas consagradas de efetivamente tornar as organizações mais criativas e inovadoras.

Na última parte deste livro nós falamos sobre mentes criativas. Você poderá, por exemplo, avaliar se sua mente é mais adaptadora ou renovadora.

Você poderá ainda perceber, ao longo de todo o texto, que nós apresentamos um grande número de citações clássicas sobre criatividade e inovação de autores como Pablo Picasso, Thomas Edison ou Peter Drucker. Essas citações foram colecionadas cuidadosamente e incorporadas ao texto para tornar a leitura ainda mais estimulante e inspiradora.

João Fernandes e Rodolfo Ribas

Prefácio

Em 1986, o SINDUSCON-RIO (Sindicato da Indústria da Construção Civil no Estado do Rio de Janeiro) e a ADEMI-RJ (Associação dos Dirigentes de Empresas do Mercado Imobiliário do Rio de Janeiro) contrataram com o IBOPE uma pesquisa sobre a imagem do construtor imobiliário, que em síntese concluiu o seguinte:

"O construtor não é confiável porque: oferece um produto muito diferente do que entrega; faz "lobby" pesado com as autoridades; corrompe a fiscalização transgredindo as normas legais; agride o meio ambiente; trata mal e paga mal seus empregados".

Os resultados dessa pesquisa IBOPE, que consultou diversos setores da sociedade que interagem com a indústria da construção civil, revelou um quadro lamentável e já esperado, onde ficava evidente o desgaste da opinião pública para com o setor.

As reações do setor aos resultados da pesquisa não poderiam ter sido diferentes: um misto de tristeza, vergonha e desafio. As lideranças do setor imobiliário concluíram que muitos conceitos deveriam ser revistos para reverter esse quadro.

Não há como negar que o potencial de emprego para o profissional não qualificado, ao mesmo tempo causa e consequência da arcaica estrutura do nosso setor, foi usado durante décadas pelos governos como mecanismo de redução de tensões sociais; pela possibilidade de oferta de emprego imediato a grandes contingentes de população rural, com baixo ou nenhum nível de escolaridade e de formação profissional, que se viram impelidos a migrar, em especial do Nordeste, para os grandes centros urbanos, fugindo da miséria e da fome, ante a absoluta inexistência de uma política agrária adequada e realista que lhes permitisse uma mínima possibilidade de sobreviver dignamente.

Por outro lado, é imperioso também reconhecer a conivência dos empresários da construção civil. A fragilidade desses migrantes, enfrentando condições sociais totalmente adversas e opções de vida e de emprego extremamente restritas, favoreceu sua manipulação sistemática por parte das empresas que aceitaram, se beneficiaram e se acomodaram com essa situação.

Essa espécie de acordo tácito entre governo/população migrante/indústria da construção civil, vigente durante décadas, acabou por inibir o desenvolvimento e a modernização do setor; especialmente no que diz respeito à formação e administração de nossos recursos humanos, aprisionando a indústria da construção no círculo vicioso da baixa produtividade/baixo salário/alta rotatividade/falta de formação profissional/baixa produtividade.

A ruptura desse círculo vicioso se dá, a meu ver, com a incidência simultânea de vários fatores. Em primeiro lugar as crises cíclicas de recessão atravessadas pelo setor, provocadas pelos desacertos das políticas governamentais para a habitação, e o esgotamento da capacidade de investimento do Estado em obras públicas, ocasionando as constantes demissões em massa. Em segundo lugar a desordem econômica e social instaurada, gerando uma economia paralela de dimensões incalculáveis, que passou a competir com o mercado formal de mão de obra, atraindo especialmente a de menor remuneração como a construção civil. E, por fim, a fuga espontânea dos próprios trabalhadores do setor, que, desestimulados pelos baixos salários, pelas precárias condições de trabalho e de qualidade de vida e pelos riscos de acidentes de trabalho, saem em busca de outras atividades profissionais que melhor respondem às suas necessidades e expectativas.

A construção civil, especialmente o setor de edificações, que é um grande mercado de mão de obra, encontra-se hoje praticamente no mesmo estágio tecnológico do final do século passado. Nesse sentido, ressalte-se que a modernização tecnológica, por sua vez, passa obrigatoriamente por uma melhor capacitação dos nossos trabalhadores, pelo seu crescimento profissional, social e econômico. Ao lado disso, um novo cenário econômico vai se consolidando: estabilidade, competitividade, qualidade, pressões sociais, código de defesa do consumidor.

Esse parece ser o espaço real por onde devem evoluir as condições de trabalho na construção civil, na busca de ganhos reais de salários e da melhoria da qualidade de vida de seus trabalhadores, sustentados pela elevação da produtividade.

Para isso, muito tem contribuído o companheiro João Fernandes, seja na direção exemplar de sua empresa COFIX, seja na atuação brilhante na presidência da

Comissão de Desenvolvimento de Recursos Humanos do SINDUSCON-RIO, na presidência do SECONCI-RIO, partilhando sua experiência e seus conhecimentos.

Este trabalho em colaboração com Rodolfo Ribas da UFRJ poderá oferecer caminhos de desenvolvimento para a indústria da construção civil, com ganhos substantivos para toda a sociedade.

Antonio Carlos Mendes Gomes
Engenheiro Civil, Diretor Executivo do SINDUSCON-RIO (Sindicato da Indústria da Construção Civil no Estado do Rio de Janeiro), Diretor de Relações Institucionais do SECONCI-RIO (Serviço Social da Indústria da Construção do Rio de Janeiro), Membro do Conselho Empresarial de Relações Trabalhista da FIRJAN (Federação das Indústrias do Estado do Rio de Janeiro), ex-presidente da Comissão de Políticas de Relações Trabalhistas da CBIC (Câmara Brasileira da Indústria da Construção), Membro do Conselho Consultivo da CBIC e Membro do Conselho de Relações do Trabalho e Desenvolvimento Social da CNI (Confederação Nacional da Indústria).

Sumário

Parte 1 Introdução 1
   Criatividade e inovação 2
   Perspectivas 8
   Não é uma questão de dinheiro! 14
   Quem inventou a lâmpada? 18
   Diálogo empreendedor 22
   Aonde sua organização quer chegar? 26
   Qual é a ambição de sua organização? 30
   Inovação incremental no Google? 35
   Empreendedorismo e inovação 39

Parte 2 Sem inovação não há salvação! 45
   Inovar para sobreviver 46
   Organização e adaptação 50
   Questões sociais e inovação 53
   Reinventando a responsabilidade social 56
   A Lei do Bem é boa mesmo! 59
   Inovadora e bem brasileira 62

Parte 3 Estimulando a criatividade e a inovação 67

Radares, cenouras e inovação! 68
Gestão da criatividade e da inovação 72
Começando pela Missão, Visão e Valores 76
Clima como metáfora para criar e inovar 80
Como melhorar o clima? 84
Estratégia, inovação e eficácia 91
Oito passos para gerar empresas inovadoras 93
Avalie o clima em sua equipe 96
Qual é o estágio de desenvolvimento da sua empresa? 98

Parte 4 Mentes criativas 101

Árvores coloridas 102
Adaptadores e reformadores 105
Ninguém é mais inteligente do que todos nós 111
Cocriação 114
A mente intuitiva do líder 117
Como ser mais inovador? 123
Que tal treinar sua criatividade? 127
Frases perfeitas para acabar com a inovação 129

Referências 131

PARTE 1
INTRODUÇÃO

O que todos os empreendedores de sucesso que encontrei têm em comum não é um determinado tipo de personalidade, mas um comprometimento com a prática sistemática da inovação.

Peter Drucker[1]

Criatividade e inovação

*Criatividade é pensar coisas novas.
Inovação é fazer coisas novas.*

Theodore Levitt[1]

Seria possível produzir sementes capazes de sobreviver em condições climáticas extremas? Por exemplo, poderíamos criar sementes de milho capazes de resistir a invernos rigorosos para germinarem, completamente saudáveis, com a chegada de condições mais amenas na primavera? Esses são alguns dos problemas que químicos como Karl Kreckman[2] costumam enfrentar. Soluções para problemas como esses podem contribuir para o aumento da produção de alimentos e para a redução da fome no mundo.

Pois bem, Kreckman realmente estava procurando formas de produzir sementes mais resistentes ao clima. Desafios como esse costumam demandar dedicação, tempo e frequentemente nos acompanham aonde quer que formos. Dedicamos toda a nossa atenção a eles em nossas jornadas de trabalho, mas eles continuam rondando nossas mentes em nossas horas de lazer, enquanto tomamos banho e até mesmo enquanto dormimos!

Para Kreckman, parece ter sido mais ou menos assim: sentado em sua casa, ele começou a olhar vários desenhos que seu filho havia feito. Uma folha em particular chamou a sua atenção. Lá estava o desenho de uma árvore vestindo um casaco e um chapéu. O casaco e o chapéu protegiam a árvore de um inverno congelante. Kreckman ainda não sabia, mas olhar esse desenho acabaria mudando o rumo de todo o seu trabalho.

O desenho de uma criança com uma sorridente árvore, bem protegida no meio da neve dentro de um casaco bem quentinho, parece ter sido uma fonte de inspiração para Kreckman. Seria possível vestir sementes com algum tipo de tecido ou nylon da mesma forma como vestimos roupas para o frio?

Essa ideia levou à criação de um tipo de revestimento para sementes. Após um bocado de trabalho, foram desenvolvidas coberturas de polímero (uma espécie de plástico) que podem ser aplicadas em sementes. Com esse revestimento, um verdadeiro casaco tecnológico, as sementes têm mais chance de sobreviver ao frio intenso, numa espécie de estado de hibernação. A cobertura foi desenvolvida para se dissolver com a chegada de temperaturas mais amenas, permitindo a germinação em condições mais favoráveis.[3]

Os detalhes dessa extraordinária história, que foram inicialmente contados por Michael Michalko[4], nos dão um excelente exemplo de criatividade e inovação. Uma ideia criativa e fantástica (vestir uma planta com um cobertor) foi convertida em uma inovação na agricultura. Karl Kreckman acabou se tornando detentor de uma das patentes sobre proteção de sementes com polímeros[5].

Essa história nos lembra ainda que crianças costumam surpreender os adultos com seus pensamentos. De fato, Michalko chega a sugerir: está procurando ideias? Pergunte às crianças! É verdade! Elas podem ser excelentes fontes de ideias e gostam muito de ser ouvidas!

Quer uma sugestão para ser mais criativo ou criativa? Tente pensar como uma criança![6] Uma pergunta de uma menininha contribuiu para a criação da câmera Polaroide, mas essa já é outra história... está com um problema para resolver? Pergunte às crianças ou tente pensar como elas!

Pensar e fazer

Este é um livro sobre mentes criativas e organizações inovadoras, organizações que estimulam e fornecem condições para que essas mentes façam o que elas sabem fazer de melhor: criar riqueza em todas as suas formas.

Criatividade refere-se ao desenvolvimento de ideias novas e potencialmente úteis. Embora os empregados possam compartilhar essas ideias uns com os outros, apenas quando elas são implementadas com sucesso na organização podem ser consideradas inovação.
Christina Shalley[7]

Para nós, criatividade e inovação são dois importantes e distintos componentes do processo de criação de riqueza e desenvolvimento, não apenas nas organizações, mas nas sociedades de uma maneira geral.

A criatividade tem sido descrita de uma forma muito simples, mesmo por grandes especialistas no assunto. Criatividade tem a ver com a produção de ideias novas, originais e de valor em qualquer domínio de atividade.

"Toda inovação começa com pessoas tendo ideias criativas", lembrou muito bem Teresa Amabile e seus colegas da Escola de Negócios de Harvard[8]. A criação ou o desenvolvimento de novos produtos, processos ou serviços depende de pessoas ou equipes terem boas ideias e darem vida a essas ideias. As ideias são o combustível da inovação. Quanto mais criativa é uma pessoa ou uma equipe, maior é sua capacidade de produzir ideias originais e de valor.

> *Toda inovação começa com ideias criativas. A implementação bem-sucedida de novos programas, lançamentos de novos produtos ou novos serviços depende de uma pessoa ou de uma equipe que tem uma boa ideia e o desenvolvimento dessa ideia para além do seu estado inicial.*
> Teresa Amabile[9]

Podemos dizer que, para se tornar inovadora, uma organização precisa incentivar a utilização do potencial criativo das pessoas e equipes na identificação sistemática e intencional de oportunidades, necessidades e problemas, refletir sobre eles e desenvolver ideias ou soluções novas e úteis.

Infelizmente, muitas ideias brilhantes que surgem dentro das organizações simplesmente nunca serão aproveitadas. Isso porque a simples produção de ideias criativas não produz automaticamente inovação. Sem o devido tratamento, mesmo as ideias mais brilhantes raramente deixarão a mente de seus criadores e serão efetivamente transformadas em coisas úteis para a sociedade.

Vários desafios precisam ser vencidos para que uma ideia possa se tornar um novo produto, processo ou serviço. Entre outros aspectos, o potencial da ideia precisa ser apresentado e reconhecido dentro da organização; a ideia precisa receber a devida atenção e investimento, precisará competir por recursos com outros projetos que a organização já desenvolve – problemas diversos de ordem tecnológica e também de ordem política precisarão ser solucionados.

Todo esse processo de transformação de uma boa ideia em algo efetivamente útil ou rentável é o que costumamos chamar de "inovação"[10].

A ilustração a seguir foi adaptada do excelente trabalho de Charles Prather[11] e representa esquematicamente os processos de criatividade e inovação.

Fluxo Criatividade e Inovação
(adaptado de Charles Prather[12])

Então, todo o processo começa com problemas, necessidades ou oportunidades. Pessoas são capazes de gerar ideias criativas a partir desses elementos. A geração de ideias envolve um tipo específico de pensamento que os psicólogos costumam chamar de pensamento divergente. Falaremos sobre essa forma de pensar em outras partes deste livro.

Inovação: introdução e aplicação intencional de novas ideias, processos, produtos ou procedimentos com o objetivo de beneficiar significativamente indivíduos, grupos, organizações ou a sociedade como um todo.
West & Farr[13]

O passo seguinte no processo de inovação é examinar essas ideias, desenvolver e selecionar as que efetivamente podem ser aplicadas com ganhos para a organização. Essa etapa de filtragem exige outro tipo de pensamento, que costumamos chamar de pensamento convergente.

Organizações que pretendem ser empreendedoras e inovadoras precisam desenvolver formas eficientes de gerenciar tanto a geração quanto a implementação de ideias.

Siga o link para o fantástico vídeo "De onde as boas ideias vêm?", com Steven Johnson. O vídeo tem legendas em português.
www.ted.com

Perspectivas

> *Alguém me disse que criatividade é apenas aprender a fazer algo usando uma perspectiva diferente. Então, ser criativo talvez seja isso.*
>
> Ben Carson[1]

Em 2004, uma grande empresa brasileira do ramo da logística identificou um problema: eles precisavam ampliar a capacidade de transferência de carga em um determinado terminal marítimo que eles operavam. Infelizmente, o terminal não era exatamente novo e há muito tempo já trabalhava no limite de sua capacidade. A coisa funcionava mais ou menos assim: apenas uma embarcação poderia atracar por vez para realizar a transferência de produtos.

Como estamos falando de uma organização inteligente, aconteceu mais ou menos o que era esperado. Identificado o problema, a empresa instituiu um grupo de trabalho com o objetivo de buscar soluções. Num primeiro momento, fizeram o que parecia mais óbvio: convocaram equipes que operavam o terminal. Certamente, os operadores haveriam de oferecer soluções para o problema. De fato, isso efetivamente aconteceu. Uma das possibilidades foi pensar formas de atracar mais de uma embarcação ao mesmo tempo.

Se existe um segredo para o sucesso, ele reside na capacidade de entender o ponto de vista da outra pessoa e ver as coisas do ângulo dessa pessoa, assim como de seu próprio ângulo.
Henry Ford[2]

O grupo de trabalho chegou à conclusão de que seria possível ampliar as operações de transferência no terminal. A solução parecia simples: investir numa ampliação de todo o terminal, dobrando sua capacidade. Considerando a perspectiva a partir da qual esse grupo via o problema, como operadores do terminal, a solução pareceu fazer todo o sentido.

De fato, a solução parecia simples, mas envolvia outros problemas técnicos. Para começar a conversa, estimativas iniciais indicavam que o investimento na ampliação do terminal ficaria na casa das dezenas de milhões de dólares e a execução de toda a obra iria demorar. Havia ainda discussões sobre o impacto ambiental do projeto... a verdade é que preço e o nível de complexidade envolvido na ampliação do terminal acabaram desanimando os gestores, e o plano de ampliação foi arquivado.

Essa história tem um segundo momento e um final feliz e diferente. Entretanto, antes de tratamos dele, pode ser interessante falarmos do descobrimento do Brasil (como dizem os brasileiros) ou do "achamento" do Brasil (como costumam dizer os portugueses).

Cenas do descobrimento do Brasil

Em 1998 um grupo de pesquisadores brasileiros e portugueses iniciou uma série de estudos, com o objetivo de conhecer que tipos de memórias ou ideias as pessoas que cresceram no Brasil e em Portugal possuem sobre o descobrimento ou "achamento" do Brasil.

O momento era mais do que oportuno para esse tipo de estudos, afinal, se aproximavam as comemorações do quinto centenário da chegada da frota de Pedro Álvares Cabral às terras brasileiras. As comunidades brasileiras e portuguesas estavam em festa por conta das comemorações desse evento histórico!

> **Responda**! Que tipo de imagem vem à sua cabeça quando você pensa no descobrimento do Brasil? Escreva as primeiras cinco ideias quem vêm à sua cabeça!
>
> _____
> _____
> _____
> _____
> _____

Os estudos foram capitaneados pelo professor e gentil colega Celso Pereira de Sá, da Universidade do Estado do Rio de Janeiro. Celso é, ele mesmo, um exemplo vivo de como são interessantes e complexas as relações entre Brasil e Portugal. De um lado, pode-se dizer que ele é um legítimo carioca da gema. De outro, devemos reconhecer que ser Pereira de Sá tem lá suas consequências. Celso tem um certo estilo discreto e elegante, muito comum em nossos amigos lusitanos.

Que tipo de ideia vem à sua mente quando você pensa no descobrimento do Brasil? Pois bem, esta foi mais ou menos uma das perguntas que Celso e seu grupo fizeram para quase quinhentos portugueses residentes em Lisboa e a mais de 750 brasileiros espalhados pelo Brasil.

Celso Sá identificou coisas muito interessantes quando analisou os resultados da pesquisa. Você lembrou inicialmente de coisas como índios, caravelas e Pedro Álvares Cabral? Bem, no estudo de Celso, tanto brasileiros quanto portugueses lembraram-se dessas coisas. Mais algumas diferenças importantes surgiram.

Descobrimento do Brasil: ideias lembradas por brasileiros e portugueses

Brasileiros	Portugueses
Índios	Índios
Caravelas	Caravelas
Portugueses	Praias
Pedro Álvares Cabral	Pedro Álvares Cabral
Mar	Descobrimento

Ao construírem a cena, parece que os brasileiros se imaginaram olhando o mar, vendo os portugueses chegarem na linha do horizonte. Como se todos estivessem esperando ser descobertos. Os portugueses parecem ver a cena em uma outra perspectiva. Eles lembraram de praias e do descobrimento. Ao que parece, eles podem muito bem estar se imaginado dentro das caravelas, chegando ao novo continente para descobrir todo um novo mundo.

Perspectivas são coisas extremamente importantes. No fundo, elas podem limitar o nosso entendimento de um determinado acontecimento. Nos dias de hoje, pode ser bastante revelador pensar no descobrimento do Brasil, tanto a partir da perspectiva de quem chegava nas caravelas como do ponto de vista dos povos que aqui habitavam. Pensando dessa forma, parece oportuno voltar ao nosso antigo problema da empresa de logística.

Novas perspectivas, novas soluções

Em 2009, cerca de cinco anos depois dos primeiros estudos sobre a ampliação da capacidade de transferência de carga no terminal marítimo, as demandas do mercado ficaram ainda mais críticas, com um agravante: considerando a incapacidade da empresa de fornecer o carregamento na demanda do mercado, surgiu a possibilidade de um concorrente se estabelecer na região.

Nesse momento, alguém teve a ideia de montar um segundo grupo de trabalho. O grupo foi criado, mas com um detalhe muito importante: uma pessoa que não fazia parte da operação do terminal foi convidada a participar. Mais precisamente, foi convidada uma pessoa que operava as embarcações que se utilizavam do terminal. Poder contar com uma pessoa que via o problema a partir de outra perspectiva acabou fazendo toda a diferença.

Conversa para lá, conversa para cá, surgiu uma nova ideia: em vez de se pensar em grandes modificações no terminal, surgiu a ideia de realizar modificações nas próprias embarcações. Novos modos de interação barco-terminal poderiam duplicar a capacidade de transferência de cargas, sem investimentos vultuosos.

Se todo mundo está pensando da mesma maneira, então alguém não está pensando.
George S Patton[3]

Provavelmente essa ideia nunca teria sido levantada sem a participação de pessoas responsáveis pela operação das embarcações no grupo. Essas pessoas efetivamente viam o problema de uma outra perspectiva.

Feitas as contas, as mudanças nas embarcações custariam uma bagatela, coisa de centena de milhares de reais. Lembrado que mudar o terminal custaria algo como dezenas de milhões de dólares.

Introdução | 13

Essa história possui um detalhe importante. A própria empresa que opera as embarcações se prontificou a bancar as modificações necessárias. Na verdade, ela fez isso com enorme satisfação, pois realmente necessitava ampliar imediatamente seus carregamentos. A empresa que opera o terminal acabou precisando desembolsar muito menos do que imaginava.

Contando assim parece que foi fácil. Não foi. Curiosamente, mesmo depois de identificada a viabilidade da modificação das embarcações, um outro problema ainda precisava ser resolvido. O pessoal que operava o terminal não gostou muito da novidade. Há anos eles faziam o carregamento de uma determinada maneira. Seria muito complicado mudar a forma de trabalhar, disseram eles inicialmente.

O pessoal que operava as embarcações teve reação semelhante: "isso não vai funcionar". O grupo de trabalho precisou de muita determinação para convencer pessoas. Para os idealizadores da solução inovadora, além da mudança de perspectiva de terminal para embarcação, a parte mais difícil foi vencer a resistência e a desconfiança dos colegas de trabalho.

Para a satisfação de todos, vencidas as resistências, o novo sistema foi finalmente colocado em operação, gerando aumentos de faturamento superiores a 1,5 milhão de reais ao ano.

Siga o link para o espaço "Caminhos da Inovação" da Finep.
O espaço apresenta manuais, legislação e muitos outros
documentos úteis sobre inovação. www.finep.gov.br.

Não é uma questão de dinheiro!

Inovação não tem nada a ver com a quantidade de dólares que você investe em Pesquisa e Desenvolvimento. Quando a Apple lançou o Mac, a IBM estava gastando, no mínimo, 100 vezes mais em Pesquisa e Desenvolvimento. Não é uma questão de dinheiro. É a equipe que você tem, sua motivação e o quanto você entende da coisa.

Steve Jobs[1]

Muitos gestores acreditam que inovações sempre demandam fortunas e tecnologias sofisticadíssimas. Isso simplesmente não é verdade. Vamos contar uma história de inovação, na sua forma mais simples.

Esta história começa com um funcionário de uma empresa do ramo de óleo e gás. Ele se tornou conhecido na empresa porque uma de suas ideias foi implantada com sucesso em seu departamento e estava gerando ganhos importantes. Na verdade, a empresa estava até estudando a possibilidade de patentear o produto.

Pense nesse funcionário como uma daquelas pessoas que você gostaria de ter na sua equipe: bem informada, motivada, comprometida com a organização, cheia de energia e de ideias e, finalmente, bastante determinada.

E a mente apavora. O que ainda não é mesmo velho. Sampa, Caetano Veloso.

Ele estava envolvido com várias operações de rotina em uma das unidades de negócio da organização. Uma dessas operações envolvia o acoplamento de determinados tipos de mangueiras e não era fácil. O processo era praticamente todo manual, era fisicamente desconfortável de ser executado e, para piorar as coisas, era relativamente perigoso para os executantes.

Para muitos outros funcionários aquela operação era uma rotina "normal" – afinal, ela era feita daquela maneira há muito tempo. Aliás, a operação era realizada exatamente daquela forma em muitos países.

No início, alguns colegas brincaram com ele dizendo que ele estava "transformando sucata em mais sucata".

Para a maioria dos outros funcionários não havia o que fazer, mas ele não concordava com isso. Ele identificou um problema e vislumbrou uma possibilidade de melhoria. Então, teve uma ideia: construir um dispositivo, uma espécie de bancada, para facilitar todo o procedimento de engate. Ninguém na organização havia realmente decidido fazer algo como isso antes.

Para testar sua ideia, ele começou a recolher sucata na empresa para construir um protótipo. Tudo começou com materiais que seriam literalmente descartados como lixo.

Esse começo foi mais complicado. Alguns colegas brincaram dizendo que ele estava "transformando sucata em mais sucata". As pessoas costumam ter dificuldades para entender o novo.

> *Para realizar coisas notáveis, nós precisamos não apenas agir, mas também sonhar, não apenas planejar, mas também acreditar.*
> Anatole France

Esse tipo de resistência é relativamente comum. Muitas vezes, a primeira reação das pessoas a uma ideia nova é algo como: "isso nunca foi feito!" ou "isso não vai dar certo!".

Não foi muito fácil, mas ele não desistiu. Não era de seu estilo. Depois de algum tempo, colegas começaram a colaborar na construção do protótipo utilizando, inclusive, horas livres.

A bancada ficou pronta, foi testada e se mostrou um sucesso total. Toda uma operação foi muito facilitada em função da utilização do novo dispositivo. Os ganhos em segurança e em produtividade foram importantes e a empresa acabou reconhecendo que algo novo e útil havia sido criado.

> *Para inventar, você precisa de uma boa imaginação e uma pilha de sucata.*
> Thomas Edison[2]

Esse é outro exemplo de criatividade e inovação em uma organização. Demandou poucos recursos, mas gerou ganhos substantivos.

Podemos contar outra coisa importante sobre essa história: eram visíveis a alegria e o orgulho daquelas pessoas, daquela equipe, com a realização e o reconhecimento do projeto inovador. Eles se sentiam criadores de algo novo e de valor.

Certa vez Thomas Edison mencionou que "para inventar, você precisa de uma boa imaginação e uma pilha de sucata". Foi exatamente o que esse grupo fez.

Em uma comunicação interna aos seus gestores, um dos autores deste livro falou de criatividade e inovação de uma forma mais apaixonada e motivadora. Essa comunicação reflete o que realmente acreditamos com nossas mentes e corações.

Inovação é o caminho que liga o sonho à realidade. Um sonho se realiza pelo talento de quem acredita que tudo é possível, por pessoas que enxergam caminhos onde outros veem dúvidas, por quem vê oportunidade onde outros veem crise.

João Fernandes,
comunicação aos gestores.

Siga o link para um vídeo com o discurso de Steve Jobs na cerimônia de formatura da Universidade de Stanford em 2005.
www.youtube.com

Quem inventou a lâmpada?

> *Muitas vezes gênio é apenas a capacidade de manter um esforço contínuo. A linha entre o fracasso e o sucesso é tão fina que dificilmente sabemos quando a ultrapassamos. Tão fina que muitas vezes estamos nela e não sabemos. (...) Não existe fracasso, exceto em não tentar mais.*
>
> Elbert Hubbard[1]

Thomas Edison (1847-1931), um dos maiores inventores e empreendedores de todos os tempos, tem várias histórias que nos permitem entender melhor criatividade e inovação. A criação da lâmpada elétrica é um excelente exemplo de como as inovações realmente acontecem.

No início do século XIX, quando a iluminação a óleo e gás predominava, muita gente pensava na ideia de criar uma lâmpada que funcionasse com energia elétrica. Thomas Edison não foi o primeiro a pensar em uma lâmpada que funcionasse assim. De fato, muitos outros já haviam desenvolvido lâmpadas elétricas antes de Edison.

> *A oportunidade é perdida pela maioria das pessoas porque ela está vestida de macacão e se parece com trabalho.*
> Thomas Edison[2]

Em 1840, Warren de la Rue, um astrônomo britânico, criou a primeira lâmpada incandescente parecida com a que conhecemos hoje. La Rue fez passar corrente elétrica em uma bobina de platina instalada em um tubo com vácuo. Isso tudo aconteceu quarenta anos antes de Edison depositar a patente de sua lâmpada![3]

É interessante lembrar que nada menos que 22 inventores criaram lâmpadas incandescentes antes de Thomas Edison. Entretanto, todas essas lâmpadas tinham vida muito curta, eram muito caras ou inviáveis comercialmente.[4]

> *Nenhuma das minhas invenções surgiu por acidente. Vejo uma necessidade que vale a pena ser realizada e faço teste após teste até chegar lá. A essência da coisa é um por cento de inspiração e 99 por cento de transpiração.*
> Thomas Edison[5]

Edison reconheceu o tremendo potencial da ideia e trabalhou em seu famoso laboratório de Menlo Park, New Jersey, no desenvolvimento do que depois ficou conhecido com a primeira lâmpada incandescente comercial, produzida e vendida em larga escala.

Literalmente, centenas de protótipos foram testados até o desenvolvimento do modelo final dessa lâmpada.

Outro ponto interessante é que Edison fazia questão de enfatizar que trabalho duro e inovação são coisas inseparáveis. Thomas Edison não inventou a lâmpada, mas trabalhou até fazer a ideia funcionar na prática.

Eu não trabalhei um só dia em minha vida, era tudo diversão.
Thomas Edison[6]

Para muitos, a maior de todas as invenções de Edison foi exatamente esse laboratório de Menlo Park.[7] Vários produtos inovadores foram criados ali.

Patente da Lâmpada de Edison[8]

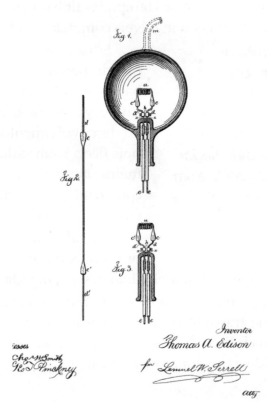

De fato, como Thomas Edison conseguiu ser um dos mais férteis inventores do século XX? Edison tinha outra habilidade que não costuma ser muito ressaltada. Ele sabia reunir gente talentosa e guiar esses talentos na direção de seus desafios. Suas equipes eram compostas por pessoas com formações muitos diferentes, mas as diferenças contribuíam para o avanço dos trabalhos. E ele era ainda especialmente claro quanto a objetivos e prazos.

Siga o link para uma biografia de Thomas Edison na Wikipédia.

Diálogo empreendedor

> *A inovação é a função central do empreendedorismo, seja em uma empresa já existente, uma instituição do serviço público, ou um novo empreendimento iniciado por um único indivíduo na cozinha de sua casa. Ela é o meio pelo qual o empreendedor cria novas fontes de riqueza, ou dá para as fontes já existentes um maior potencial para criação de riqueza.*
>
> Peter Drucker[1]

O diálogo que se segue realmente aconteceu, em um dia como outro qualquer, fora de salas de reunião de grandes corporações, e é um bom exemplo de como o pensamento inovador pode estar incorporado ao nosso dia a dia. Peter Drucker não cansava de repetir que não importa o tamanho do empreendimento que você deseja realizar. Inovação e empreendedorismo devem sempre andar de mãos dadas.

— Bom dia, Seu Zé!

— Bom dia, Doutor! Conseguiu dar a volta na Lagoa com esse calor?

— Não dei a volta, mas caminhei a mesma coisa. Como vai o seu negócio?

— Não me posso queixar. O importante é que não chova. E quanto mais calor, melhor!
— E nos dias menos quentes ou frios, como fica?
— Preciso garantir o leite das crianças...
— Quanto sobra no inverno?
— Um mês por outro, cerca de R$ 1.000,00.
— E o senhor paga INSS?
— Não dá, Doutor... não sobra nada!
— E no verão, qual é a sobra?
— Dá para tirar cerca de R$ 2.500,00 por mês.
— Em quantos meses?
— Uns cinco.
— Quanto custa a sua carrocinha?
— Deve estar custando uns dois mil...
— Já pensou em comprar outra?
— É muito caro, Doutor!!
— Se o senhor economizasse R$ 500,00 por mês no verão, sobrariam ainda R$ 500,00. E o senhor ficaria com possibilidades de ganhar o dobro se alguém da sua família tomasse conta da outra carrocinha...
— Não pensei nisso...
— Pois deveria pensar! Se o senhor garantisse o ponto e se tivesse duas carrocinhas poderia trabalhar somente seis meses por ano que a sua renda seria maior!
— É muita conta, Doutor... nós só sabemos trabalhar...
— O senhor sabe o que é uma consultoria?
— Não sei não senhor...
— Se o senhor precisa ir ao médico, marca uma consulta. Do mesmo modo, para entender de negócios o senhor contrata um consultor!
— E onde posso encontrar um?

— Posso ser eu mesmo!

— O senhor? Morador aqui do Stradivarius? Deve cobrar muito dinheiro!

— Imagina que você me entrega diariamente um coco, que, a três reais, teria uma consultoria mensal de R$ 90,00.

— E isso não é caro?

— Consultar é caro mesmo! O importante é verificar se os ganhos provocados pelos conselhos do consultor são maiores que o que me proporciona de lucro. Chama-se a isso de investimento.

— Mas dá para eu entregar os cocos em sua casa somente nos finais de semana?

— Não vai dar certo, Seu Zé...

— Por quê, Doutor?!?!

— Porque é importante eu vir tomar o coco na sua barraquinha, pois enquanto o senhor trabalha nós podemos montar seu planejamento estratégico, seu orçamento anual, seus investimentos e determinar seu lucro.

Eu ouço você dizer "Por quê?" Sempre "Por quê?" Você vê as coisas e diz: "Por quê?" Mas eu sonho coisas que nunca existiram e digo "Por que não?"
George Bernard Shaw[2]

— O senhor é mesmo consultor?!?

— Não, Seu Zé... eu sou presidente de uma empresa de construção que tem 1.300 funcionários.

— Meu Deus, deve ser muito difícil tomar conta de um negócio desses!!!

— Não é não, Seu Zé. Devemos somente saber quanto recebemos e quanto gastamos. A diferença é o lucro! É exatamente assim com o seu negócio! Primeira consultoria: economizar e guardar neste mês de fevereiro R$ 500,00. Dá para encarar??

— Acho que sim, Doutor.

— Então, força, Seu Zé!! Espero que em meados do ano já estejamos prontos para o senhor pagar mensalmente seu INSS.

— Será que vai dar certo, Doutor??

— Vai se o senhor conseguir cumprir o que nós combinamos!!

— Se o senhor me ajudar, eu vou conseguir!!

— Então, conte comigo! Bom dia e bons negócios!

— Obrigado, Doutor!

Siga o link para ler o clássico "A Disciplina de Inovação", de Peter Drucker, na Harvard Business Review!

Aonde sua organização quer chegar?

> 'Você poderia me dizer, por favor, qual o caminho para sair daqui?'
> 'Depende muito de onde você quer chegar', disse o Gato.
> 'Não me importa muito onde...' foi dizendo Alice.
> 'Nesse caso não faz diferença por qual caminho você vá', disse o Gato.
>
> Lewis Carroll[1]

O processo de inovação costuma começar com a identificação de problemas, necessidades ou oportunidades. Pessoas inovadoras são capazes de converter esses elementos em soluções criativas, e em muitos casos isso resulta em produção de riqueza.

Ocorre que diferentes tipos de desafios podem demandar tipos diferentes de inovação. Quais seriam os desafios de sua organização? Aonde ela deseja chegar?

Devemos pensar que existem diferentes formas de inovar. Cada forma pode ser mais apropriada para enfrentar, com mais sucesso, determinados tipos de problemas ou oportunidades. Por outro lado, diferentes formas de inovação costumam demandar diferentes recursos das organizações. Algumas formas de inovação estão atreladas a investimentos importantes em novas tecnologias, outras simplesmente não demandam esse tipo de investimento. Não falamos sobre inovação com sucata?

Atualmente, muitas organizações estão procurando identificar quais formas de inovação são mais apropriadas aos seus objetivos. Elas têm procurado identificar quais formas de inovação podem ser mais úteis para apoiar suas estratégias de negócio.

O que sua organização deseja?

Esta pergunta é fundamental quando se pensa em alinhar a estratégia de negócio de uma organização com o tipo de inovação que ela precisa priorizar em um determinado momento. Aonde sua organização quer chegar? O que ela precisa para isso?

A tabela Matriz Tecnologia x Mercado foi adaptada do trabalho de Charles Prather[2] e apresenta quatro quadrantes ou quatro formas de pensar em inovação. Prather pensou em duas perguntas básicas para pensar em formas de inovação: 1) Você pretende atender a mercados que você já atende ou pretende investir em novos mercados? 2) Você pretende utilizar tecnologia que já domina ou adquirir alguma nova tecnologia? Ao responder a essas perguntas podemos identificar quatro formas de inovação.

No Quadrante 1 da matriz está o que costumamos chamar de inovação incremental. Nós desejamos atender melhor aos clientes que já temos e fazermos isso utilizando tecnologias que já possuímos. Como isso pode ser feito? Buscando mudanças ou adaptações em nossas rotinas de forma a produzir melhorias contínuas em nossos processos, produtos ou serviços.

Matriz Tecnologia x Mercado
(Adaptada de Charles Prather[3])

	Existente	Nova
Novo	2 Entrar em novos mercados com produtos existentes Diversificação	4 Entrar em novos mercados com novas tecnologias Renovação
Existente	1 Melhorar produtos para mercados que já atendo Incremental	3 Servir mercados existentes com novas tecnologias. Diferenciação

Mercado / Tecnologia

No Quadrante 2 temos algo ligeiramente diferente, a diversificação. Você, por exemplo, domina a tecnologia para produzir parafusos para a indústria automotiva e investe em mudanças tecnológicas para também poder vender parafusos para um novo cliente: a indústria naval.

Já no Quadrante 3 temos o seguinte: você desenvolve uma nova tecnologia e se torna capaz de produzir, por exemplo, parafusos mais resistentes e leves para a indústria automotiva. Com esse avanço, você poderá atender melhor ao seu mercado e, consequentemente, se diferenciar de seus concorrentes.

Finalmente, no Quadrante 4 temos o que Prather chama de renovação. Você não só almeja alcançar novos mercados, mas deseja fazer isso utilizando novas tecnologias, produtos inovadores. Esse tipo de inovação também pode ser denominado de radical. Em muitos casos o surgimento de novos produtos realmente cria novos mercados.

Entender as diferenças entre essas distintas formas de inovação pode ser útil por vários motivos. Em primeiro lugar porque pode ajudar a você e sua organização na identificação de diferentes oportunidades de negócio relacionadas com a implantação de inovação. Em segundo lugar porque abre uma discussão sobre que tipos de inovação devem ser priorizados em uma determinada organização.

Como disse o Gato em "Alice no País das Maravilhas", quando não se sabe aonde quer chegar, qualquer caminho serve. Mais recentemente Laurence Peter fez uma observação parecida: "se você não sabe para onde está indo, provavelmente vai acabar em outro lugar".

Siga o link para o site de Charles Prather. O site apresenta vários vídeos e textos sobre inovação. www.bottomlineinnovation.com

Qual é a ambição de sua organização?

> *Inovação pode ou não ser a chave para o sucesso da sua estratégia de negócio. Você precisa determinar que tipos e quantidades de inovação são necessários para apoiar sua estratégia, e mais não é necessariamente melhor.*
>
> Davila, Epstein e Shelton[1]

Qual é a ambição de sua organização em termos de inovação? Para pensar essa questão, Bansi Nagji e Geoff Tuff sugerem a existência de três tipos de ambições de inovação[2], em um excelente trabalho publicado na prestigiada Harvard Business Review. Seriam elas:

- *Core* ou incremental.
- Adjacente ou semirradical.
- Transformadora ou radical.

A seguir apresentamos uma tabela que podemos chamar de Matriz de Ambição de Inovação[3].

Matriz de Ambição de Inovação
(adaptado de Nagji e Tuff[4])

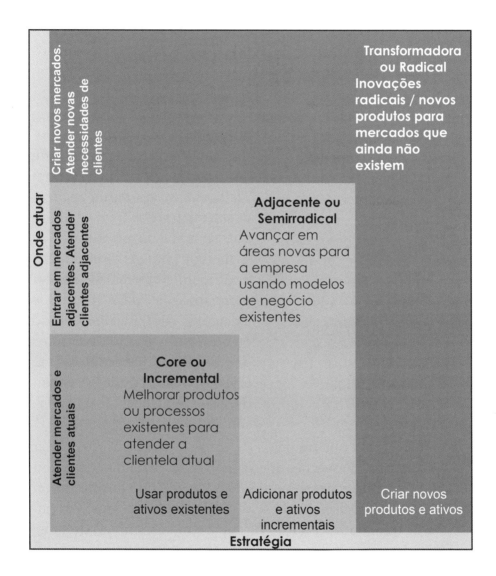

A tabela apresenta três tipos de inovação. Podemos verificar que a matriz leva em consideração dois componentes principais: 1) a estratégia que a organização pretende utilizar e 2) onde a organização pretende atuar em termos de mercado.

No quadrante inferior esquerdo da matriz estão situadas iniciativas de inovação que denominamos *core* ou incrementais. Essas inovações são produzidas através de pequenos melhoramentos em produtos, serviços ou processos já existentes.

Inovações radicais (...) são novas para a empresa, para o mercado e para a indústria; incorporam tecnologia substancialmente nova ou diferente... Por outro lado, inovações incrementais referem-se a melhorias nos produtos existentes de uma empresa que melhor satisfazem as necessidades de seus clientes atuais e potenciais.
Rajan Varadarajan[5]

Todos os anos a indústria automobilística apresenta modificações nos seus modelos de automóveis. Elas incorporam melhorias e são ainda realizadas para transmitir a ideia de que se trata de produto novo e melhor. Novas embalagens e diferentes formatos de comercialização para produtos existentes são lançadas a todo o momento e são exemplos de inovações incrementais. O iPhone 5 não poderia ser considerado simplesmente uma versão melhorada do iPhone 4?

Melhorias nos modelos de negócio também podem ser consideradas inovações incrementais. Utilizando ferramentas de gestão, as organizações têm conseguido aprimorar ou aperfeiçoar gradualmente seus produtos e processos com ganho de qualidade, redução de custo e maiores níveis de satisfação dos clientes.

No canto oposto da Matriz de Ambição, na parte direita superior, estão as inovações radicais ou transformadoras. Elas são baseadas na criação de novos produtos ou serviços, ou até mesmo modelos de negócio inteiramente novos para atender a novos mercados e novas necessidades de clientes desses mercados. Em geral, essas inovações estão associadas à utilização de tecnologia e a modelos de negócio novos e revolucionários.

Como você pode fazer a inovação acontecer? Os pormenores podem ser difíceis, mas o ponto de partida é simples. Inovação é inspirada pela ambição. Não qualquer ambição, mas uma que poderia ser impossível. Em outras palavras, a inovação começa com otimismo.
Chris Trimble[6]

Estamos falando de inovações como a fotografia digital, que virtualmente acabou com a fotografia com filme, a pílula anticoncepcional, a fralda descartável, dispositivos eletrônicos como o iPhone, a ferramenta de busca do Google e as redes sociais como o Facebook. Essas inovações costumam ganhar manchetes nos jornais. Elas também costumam demandar grandes investimentos em pesquisa e desenvolvimento.

Entre as inovações incrementais e as inovações radicais ou transformadoras estariam situadas as inovações adjacentes ou semirradicais. Dois exemplos de utilização de inovações adjacentes normalmente citados são as empresas Wal-Mart e Dell. Essas duas empresas criaram novos modelos de negócio ao utilizarem novas tecnologias relacionadas, por exemplo, à comunicação, ao controle da cadeia de suprimentos e processos de produção e em negócios já tradicionais, no caso vendas no varejo no ramo dos supermercados e no ramo dos computadores.

Empresas como Dow, Dupont e Novartis combinaram desenvolvimentos no ramo da biotecnologia e da química para desenvolverem novas linhas de produtos revolucionários para a agroindústria[7].

Pode-se dizer que a efetiva integração desses diferentes tipos de inovação na estratégia de negócios representa um grande desafio para qualquer organização. A estratégia de captação e desenvolvimento de talentos, por exemplo, precisa estar profundamente integrada nesse processo.

As habilidades necessárias para produzir inovações incrementais e adjacentes (por exemplo: pensamento analítico) são substancialmente diferentes das habilidades mobilizadas para produzir inovações transformadoras (pensamento criativo). Dessa forma, de uma maneira geral, precisamos nos certificar de que temos em nossas equipes pessoas com essas habilidades. As organizações que são capazes de reconhecer essa necessidade de integração estão em grande vantagem num mercado cada vez mais competitivo.[8]

Siga o link para o excelente artigo de Geoff Tuff e Bansi Nagji, "Como administrar sua carteira de inovação", na Harvard Business Review Brasil.

Inovação incremental no Google?

> *(C)ada um de nós identificou grandes empresas que são uma combinação de inovação incremental e inovação radical. (...) O Google (é) o produto de muitas mudanças incrementais e várias outras radicais.*
>
> Douglas Merrill[1]

Inovações incrementais, inovações relacionadas a melhorias contínuas, ajustes ou desenvolvimentos em processos, parecem não ter o mesmo glamour ou a popularidade dos outros tipos de inovação. Como se inovar se resumisse exclusivamente a criar novos e sofisticados dispositivos eletrônicos ou aplicativos.

Entretanto, as organizações realmente inovadoras entendem claramente que precisam investir em diferentes tipos de inovação e não apenas naquelas que produzem manchetes nos jornais. Essas organizações normalmente têm diferentes tipos de objetivos. Cada objetivo pode demandar um tipo diferente de inovação.

O quanto você acha que o Google, uma das mais inovadoras organizações da atualidade, investe em inovação incremental, semirradical e radical? Segundo Larry Page, um dos seus fundadores, o Google procurava investir algo como 70% dos recursos de pesquisa e desenvolvimento em inovação incremental, 20% em inovação semirradical e 10% em inovação radical[2].

Larry Page parece estar na direção certa. Essa parece ser uma boa distribuição de investimentos em inovação. Bansi Nagji e Geoff Tuff[3] estudaram as carteiras de inovação de muitas empresas e chegaram à conclusão de que empresas que investem essas proporções – 70%, 20% e 10% – em inovação incremental, semirradical e radical têm conseguido resultados melhores que suas concorrentes.

Em outras palavras, aproximadamente 70% em investimentos de baixo risco em melhorias, 20% em projetos mais arriscados em áreas adjacentes e 10% em investimentos de alto risco em iniciativas revolucionárias. Sobre esses investimentos de alto risco vale uma pequena observação: muitas vezes eles não produzem resultado algum, mas, quando funcionam, eles fazem surgir novas economias, novos mundos!

Ninguém negaria a natureza revolucionária do carro, do telefone, do avião, do rádio, da televisão ou do o computador. Todos eles foram revolucionários para mercados, estilos de vida, modelos de negócios e muito mais. (...) Todos eles envolveram um longo processo de inovação...
William Saito[4].

Nagji e Tuff observaram ainda que, de acordo com o tipo de negócio, essas proporções podem variar bastante. Fabricantes de bens consumo podem investir 20% de seus recursos de P&D em inovação semirradical e radical, enquanto empresas de tecnologia podem investir mais do que dobro disso[5]. Talvez o Google invista tanto em inovação incremental com o objetivo de desenvolver continuamente os seus próprios produtos.

Vale mencionar ainda que, em muitos casos, as inovações costumam seguir determinados ciclos nas organizações. Por exemplo: depois que uma organização introduz uma grande inovação radical, pode se seguir um grande período de inovações incrementais menores.

Enquanto mais inovações radicais têm o potencial de transformar indústrias inteiras, inovações incrementais fornecem potencial de baixo risco para atualização de produtos.
Hurmelinna-Laukkanen et al.[6]

Atualmente a grande maioria das organizações investe em algum tipo de inovação. Muitas investem em diferentes iniciativas buscando ser inovadoras. Entretanto, em muitas dessas organizações as iniciativas não são coordenadas. Não há sinergia e esforços são dissipados.

O grande diferencial de organizações inovadoras é a capacidade de gerenciar a inovação como um sistema integrado. Esse sistema pode envolver diferentes formas de inovação integradas de acordo com os objetivos da organização. Dessa forma, a inovação se torna um motor confiável de crescimento.

Siga o link para o fantástico vídeo "A Gênese do Google", com Larry Page e Sergey Brin, no site www.ted.com. Legendas em português.

Empreendedorismo e inovação

> *Decisões devem ser tomadas com base no que a empresa será e não com base no que ela é.*
> John Davis, Harvard Business School

Saber identificar oportunidades, criar soluções que o mercado aceite e admire, aceitar correr riscos, vencer obstáculos, rodear-se das pessoas certas para as funções, assegurando altos níveis de motivação e competência, são importantes características do empreendedor.

Ser empreendedor significa não ficar à espera de que as coisas aconteçam, mas fazer com que elas aconteçam. Diferentemente de um profissional que aproveita oportunidades para tirar vantagens em seu proveito no curto prazo, o empreendedor possui uma visão de médio e longo prazos.

Existe a ideia equivocada e muito disseminada de que apenas os "patrões" precisam ser empreendedores. Esta é uma visão completamente desfocada. Todos os profissionais, qualquer que seja sua área de atividade ou função, precisam ser empreendedores. Acima de tudo, o desenvolvimento de qualquer empresa depende diretamente da capacidade de seus colaboradores serem proativos e procurarem soluções inovadoras.

Ao focarmos o futuro desejado para os nossos negócios ou até mesmo para nós, estabelecemos automaticamente metas que só são possíveis de atingir com estratégias empreendedoras e inovação. Não é possível conseguir um futuro desejado desprezando estas premissas. Sorte e sonhos não funcionam. As pessoas precisam ser proativas no seu dia a dia e não em seus currículos.

Empreendedorismo Estratégico: "simultaneamente tirar proveito das vantagens competitivas de hoje e explorar as inovações que serão as bases para as vantagens competitivas do amanhã."
Duane Ireland & Justin Webb[1]

O desejo de empreender ou realizar precisa estar alinhado com estratégias de execução. Boas ideias não geram resultados, e sim sua adequada implementação. As organizações precisam de bons vendedores de ideias, bons líderes para comandar a execução dos planos e bons implementadores, tudo funcionando como uma orquestra, com harmonia e interdependência.

Mesmo planos muito detalhados, envolvendo grande dispêndio de recursos e investimentos, estão condenados ao fracasso se não forem executados por equipes preparadas e sintonizadas. Do mesmo modo, planos muito simples dão certo quando executados por equipes de alto desempenho, com energia e entusiasmo.

Também é comum nos referirmos à resistência das pessoas em executar algo que planejamos. A falta de clareza sobre aquilo que precisamos alcançar normalmente limita a busca ativa das pessoas por soluções. A comunicação, quando feita de forma correta, inspira e motiva, constrói relacionamentos e promove o trabalho em equipe. A mudança é mais simples quando se sabe para onde se quer ir e por que vale a pena chegar lá.

Existe apenas uma linha tênue entre o empreendedorismo e a insubordinação.
Robert Nardelli, CEO da Home Depot[2]

Com Peter Drucker, o maior mestre na arte de revolucionar sistemas de gestão das empresas, aprendemos que não há inovador que não seja empreendedor. Inovação em gestão é trabalhar, sim, mas com mais inteligência, produzindo mais com menos esforço. A inovação é exatamente o meio ou oportunidade para explorar as mudanças em direção a um negócio ou serviço diferente.

Quando simplesmente procuramos ideias brilhantes para inovação, corremos um risco altíssimo de fracasso. Quando entendemos que tudo o que fazemos pode ser melhorado e adotamos sistemas meritocráticos de medição, comunicação e execução, os resultados acontecem naturalmente, sistematicamente.

Vamos contar agora a história do Wellington. Um dos autores (João Fernandes) o conheceu numa viagem de férias a Fortaleza em 2009. Foi um encontro emocionante. Como empreendedor, João se questionou se teria a coragem que Wellington mostrou ao arriscar tantos meses de sua aposentadoria em seu negócio. Wellington nos mostra que uma história de vida triste pode ser um bom motivo para uma incrível superação.

> "Minha história é um pouco difícil. Sou de Icaraí, interior do Ceará, nasci em uma família de 12 filhos e aos vinte anos de idade descobri que estava com câncer.
> Eu ainda era solteiro na época e o câncer não foi descoberto rapidamente. Os médicos demoraram quase quatro anos para ter certeza do diagnóstico.
> Fiz 14 cirurgias para salvar minhas pernas; uma osteomielite crônica me fez passar quarenta dias com febre de 40 graus.

"Durante o tratamento conheci minha esposa e ela participou de um momento muito triste comigo, o dia em que os médicos tiveram que amputar minha perna esquerda. Vivi muitos meses internado; cheguei a ficar quase um ano no hospital.

Aquele lugar passou a ser minha casa e foi lá que ganhei um CD de uma cantora evangélica que me fez aprender a ter fé. Via muitas pessoas em estado pior que o meu e assim fui superando.

Trabalhava como garçom e após todo esse problema tive que me aposentar. Pode parecer difícil de vocês acreditarem, mas hoje sou uma pessoa feliz e me sinto perfeito.

Arrisquei 36 meses de minha aposentadoria em um financiamento para investir em meu próprio negócio. Abri uma pequena borracharia, um lava-jato e um restaurante de comida caseira para continuar trabalhando. Com orgulho, digo que sou eu quem sustenta meu lar, trabalho seis dias da semana na borracharia; meu lava-jato recebe em média quatro ou cinco carros por dia e ainda ajudo minha esposa em nosso restaurante, cortando carnes e fazendo compras.

A vida continua me apresentando obstáculos, moro longe do ponto de ônibus, só tenho folga às segundas, mas tenho uma esposa e uma filha de dois anos que me fazem sentir um homem completo. Luto muito para que, no dia que eu não estiver mais aqui, minha filha saiba que teve um pai de verdade.

Conheci o Sr. João no lava-jato e fico muito agradecido por ele ter se interessado por minha história."

Jogar para vencer, em vez de jogar para não perder.
Howard Schultz, Fundador da Starbucks[3]

Dois anos atrás João Fernandes visitou Wellington, durante um seminário em que participou com Philip Kotler. Wellington já tinha se livrado do compromisso de 36 meses de aposentadoria.

Ano passado, quando o visitou novamente, por ocasião de um Encontro Nacional da Construção Civil (ENIC), João tomou conhecimento que andar de ônibus era passado para Wellington. Ele se adaptara a andar em uma motocicleta reluzente, que estava limpando quando da visita de João Fernandes.

Siga o link para o excelente texto "Enfrentando o desafio de empreendedorismo corporativo", de David Garvin e Lynne Levesque, na Harvard Business Review.

PARTE 2
SEM INOVAÇÃO NÃO HÁ SALVAÇÃO!

A empresa que não inova inevitavelmente envelhece e declina, e, em um período de rápida mudança, como o atual, um período empreendedor, a queda será rápida.

Peter Drucker[1]

Inovar para sobreviver

Atualmente, a cada duas semanas, em média, uma empresa está sendo substituída na S&P 500. E a taxa de rotatividade das empresas tem acelerado ao longo do tempo.

Richard Foster[1]

No início da década de 1960, o tempo médio de vida de grandes empresas, empresas classificadas entre as quinhentas mais valiosas pela Standard & Poor's (S&P 500), girava em torno de sessenta anos. Em 1980 esse o tempo de vida médio despencou para 25 anos. Agora, em 2010, o tempo médio de vida das empresas na S&P 500 ficou em torno dos 16 anos.[2]

A coisa não está fácil mesmo. Para qualquer organização, inovação pode representar a diferença entre crescer e prosperar ou deixar o mercado. Muitos analistas têm ainda ressaltado que hoje a inovação não é mais uma opção, ela é na verdade um imperativo para as organizações.

Destruição criadora

A inovação tem, de fato, produzido grandes mudanças nos mercados, mudanças que incluem o desaparecimento de empresas ou mesmo de negócios.

Este processo de destruição criadora é um fato essencial do capitalismo.
Joseph Schumpeter[3]

Isso não é novo! Ainda na década de 1940, o economista austríaco Joseph Schumpeter[4] descreveu o que chamou de destruição criadora ou criativa. Schumpeter ressaltou o fato de que a introdução de novos produtos, via processo de inovação, tem promovido o fechamento de empresas com muitos anos de mercado. Em muitos casos, as inovações estão simplesmente tornando inviáveis modelos de negócios tradicionais e consagrados.

A destruição criadora já era um fenômeno importante em meados do século XX, mas hoje seus efeitos são muito mais profundos. Um interessante cenário do que as organizações precisam enfrentar hoje foi apresentado, por exemplo, por Toby Egan[5] e inclui os seguintes elementos:

1. mudanças sociais, políticas e econômicas cada vez mais rápidas;
2. evolução tecnológica em um ritmo sem precedentes;
3. aumento da concorrência e da necessidade de desenvolvimento de produtos, processos e serviços em ambientes cada vez mais globalizados; e
4. mudanças substantivas nos próprios clientes, cada vez conectados e influenciados por questões globais, como as mudanças climáticas.

Nesse cenário, a inovação não é apenas uma estratégia de crescimento, ela é muito mais do que isso. A sobrevivência das organizações depende hoje de sua capacidade de oferecer soluções inovadoras. Empresas que não conseguem adaptar-se a essa nova realidade têm sofrido. Muitas não conseguiram ou não conseguirão sobreviver.

Em algum lugar lá fora, há uma bala com o nome de sua empresa. Em algum lugar lá fora há um concorrente, por nascer e desconhecido, que irá tornar o seu modelo de negócio obsoleto. Bill Gates sabe disso. (...) Ele sabe que a concorrência hoje não é entre produtos, mas entre os modelos de negócio. Ele sabe que a irrelevância é um risco maior do que a ineficiência.
Gary Hamel e Jeff Sampler[6]

Ao que parece, foi isso o que aconteceu, por exemplo, com a Modern Sound, uma das maiores e mais tradicionais lojas de discos do Rio de Janeiro. A Modern Sound encerrou suas atividades em dezembro de 2009, depois de ter sido um *point* para amantes da música por mais de quarenta anos.

Os tempos estavam mesmo difíceis para as lojas de discos mais tradicionais. A Tower Records, uma das maiores revendas de CDs dos Estados Unidos, faliu em 2006. Ela não suportou a concorrência das lojas *on-line* como a Amazon.com e o novo e crescente mercado de música digital capitaneado por empresas como a Apple.

Nesse novo mundo em rápida transformação, é necessário entender o que está mudando e reagir com a velocidade necessária.

Pesquisadores da Escola de Negócio da Universidade do Calgary, Canadá, revisaram os resultados de nada menos que

55 estudos sobre as relações entre inovação e desempenho organizacional. Os resultados indicaram que a inovação e o desempenho geral da organização estão de fato correlacionados positivamente. Empresas com mais inovação tenderam a apresentar resultados superiores. Em geral após a implantação das inovações as empresas apresentaram resultados mais positivos.

Siga o link para um texto de Richard Foster sobre a "Destruição Criadora", www.innosight.com.

Organização e adaptação

> *...não é a espécie mais inteligente que sobrevive, não é a mais forte que sobrevive, a espécie que sobrevive é a que é mais capaz de se adaptar e se ajustar ao ambiente em mudança em que ela se encontra.*
>
> Leon Megginson, sobre a teoria de Charles Darwin[1]

Há muito tempo um psicólogo suíço chamado Jean Piaget ressaltou um aspecto central da vida: para sobreviver todos os seres vivos precisam ser capazes de organização e de adaptação. A sobrevivência demanda uma capacidade de organizar a forma como agir e pensar sobre o mundo. A sobrevivência também demanda uma capacidade de adaptação ao ambiente que nos cerca. Para Piaget não é possível haver vida inteligente sem essas duas competências: organização e adaptação.

Organização e adaptação também são essenciais para a sobrevivência de qualquer empresa. Companhias eficazes precisam apresentar simultaneamente essas duas importantes virtudes.

> *A arte do progresso é preservar ordem em meio à mudança, e preservar a mudança em meio a ordem.*
> Alfred North Whitehead[2]

Normalmente a organização pode ser obtida através da definição clara de estruturas de funcionamento e do estabelecimento de rotinas de trabalho que devem ser executadas com precisão. Aliás, é exatamente por isso que chamamos as organizações de "organizações".

Essas ações costumam permitir que as organizações sejam capazes de oferecer produtos ou serviços em quantidade, com qualidade elevada e custos reduzidos. A capacidade de organização está diretamente relacionada com a eficiência da organização. Em um mundo relativamente estável, empresas mais organizadas tendem a ser mais eficientes e mais bem posicionadas.

> *A morte é muito provavelmente a melhor invenção da vida. É o agente de mudança da vida.*
> Steve Jobs

Mas o que fazer quando os ambientes interno e externo estão em plena e rápida mudança? Nesse caso as organizações eficazes precisam apresentar uma outra virtude importante: a capacidade de adaptação. Se de um lado podemos dizer que a eficiência costuma ser obtida com a correta aplicação de rotinas, a adaptabilidade está relacionada com a capacidade das organizações de promoverem mudanças na sua forma de atuar de forma deliberada e propositiva.

> *Em tempos de mudanças rápidas, a experiência pode ser seu pior inimigo.*
> John Paul Getty[3]

A adaptabilidade é uma habilidade eminentemente proativa. As organizações precisam procurar ativamente entender o que está acontecendo a sua volta para poderem se adaptar a um mundo que muda cada vez mais rapidamente.

As organizações com maior capacidade de adaptação são capazes de antecipar problemas e vislumbrar oportunidades.[4] Elas são capazes de desenvolver soluções mais rapidamente. Essas organizações deliberada e continuamente procuram ajustar suas rotinas com o objetivo de melhorar sua qualidade e produtividade e reduzir custos. Esse processo tende a colocar essas organizações à frente das concorrentes.

Nesse contexto, podemos apontar que inovações são, no fundo, mudanças e estão relacionadas com a capacidade de adaptação das organizações.

> ... Aquele que não aplica novos remédios deve esperar novos males, pois o tempo é o maior inovador.
> Francis Bacon (1561-1626), Das inovações.

Inovação também pode ser definida como a introdução deliberada de alguma coisa nova para que a organização possa realizar seus objetivos de forma mais eficaz. As organizações mais eficazes certamente também são inovadoras.

Elas não buscam apenas a eficiência, elas também apresentam elevados níveis de adaptabilidade. Isso as torna ainda mais eficazes. Para as organizações inovadoras, a mudança é exatamente o que se pode esperar, é a rotina. As pessoas nessas organizações apresentam atitudes e comportamentos compatíveis com essa forma de ver o mundo corporativo. Tudo está em movimento e o movimento é bem-vindo. Fazer rearranjos de produtos ou processos já existentes. Uma ideia abre caminho para outra, mais outra e muitas mais, gerando mudanças em grande escala, tanto econômicas quanto culturais.

Questões sociais e inovação

> *Temos de pensar de forma diferente, olhar as coisas de uma maneira diferente. A paz exige um mundo de novos conceitos, novas definições.*
>
> Yitzhak Rabin[1]

Organizações inovadoras têm desempenhado um papel fundamental em nossa sociedade. Elas têm sido capazes de converter o potencial criativo das pessoas em produtos novos e simplesmente melhores, criando soluções para antigos e novos problemas, contribuindo para o desenvolvimento das economias. Elas têm sido responsáveis por mudanças globais.

Mesmo as organizações públicas ou governamentais inovadoras têm sido capazes de utilizar ideias de forma criativa para atender melhor a demandas sociais, contribuindo para o aumento da qualidade de vida das pessoas. O entendimento geral é que a criatividade e a inovação têm contribuído de forma substantiva não apenas para o desenvolvimento das empresas, mas também para o desenvolvimento político e social como um todo.

De fato, criatividade e inovação são cada vez mais importantes dentro e fora do mundo corporativo. Gestores de organizações, e mesmo líderes políticos, têm explicitamente reconhecido a importância da criatividade e da inovação para a sobrevivência das economias no século XXI. Vejamos os seguintes trechos de discursos e apresentações[2]:

"A inovação será o fator mais importante para determinação do sucesso da América no século XXI." Conselho para Competitividade, EUA, 2005.

"Se vocês desejam manter-se ou tornarem-se novos campeões, devem ser inovadores e assumir a liderança." Wen Jiabao, Premier chinês, Fórum Econômico Mundial, 2008.

"O primeiro passo para ganhar o futuro é incentivar a inovação na América... Na América, a inovação não muda apenas as nossas vidas. É dessa forma que nós ganhamos a vida." Presidente Barak Obama, discurso no Congresso, 2011.

"O relatório confirma nossa perspectiva sobre inovação e crescimento. Temos reforçado consideravelmente a inovação na Alemanha(...) A educação e a pesquisa continuaram sendo prioridade para o governo federal, a fim de assegurar uma posição sustentada da Alemanha entre os líderes na arena internacional." Johanna Wanka, Ministra Federal de Educação e Pesquisa, 2013.

"A coisa mais importante para a China é o seu capital intelectual. Nos próximos dez ou vinte anos vamos ter que nos transformar em modelo de crescimento orientado para inovação." Guo Shuqing, presidente do China Construction Bank, República Popular da China, Fórum Econômico Mundial, 2008.

"Temos avançado na pesquisa e na tecnologia, mas precisamos avançar muito mais. Meu governo apoiará fortemente o desenvolvimento científico e tecnológico para o domínio do conhecimento e a inovação como instrumento da produtividade." Presidente Dilma Rousseff, discurso de posse, Congresso Nacional, 2011.

Considerando esse contexto, é fácil de entender por que muitas instituições como governos, corporações, universidades e organizações não governamentais têm ressaltado a importância que inovação pode ter para a melhoria na qualidade de vida das pessoas.

A Organização para a Cooperação e Desenvolvimento Econômico (OECD), por exemplo, tem um fórum específico sobre inovação social. Para este fórum de inovação social ela busca soluções para problemas como:

⇨ "Identificar e fornecer serviços que melhorem a qualidade de vida dos indivíduos e comunidades."

⇨ "Identificar e implementar novos processos de integração no mercado de trabalho, novas competências, novos trabalhos e novas formas de participação, como elementos diversos que contribuam individualmente para melhorar a posição dos indivíduos no mercado de trabalho."

Siga o link para o site do fórum sobre Inovação Social da Organização para a Cooperação e Desenvolvimento Econômico (OECD).

Reinventando a
responsabilidade social

Meu maior desafio tem sido mudar a forma de pensar das pessoas. Formas de pensar podem nos pregar peças. Nós vemos as coisas da forma com que nossas mentes ensinam os nossos olhos a verem.
Muhammad Yunus[1]

Inovação não é apenas uma ferramenta vital para enfrentar desafios comerciais e um mercado cada vez mais competitivo. A cultura de inovação tem ajudado a redefinir filantropia e ações humanitárias de uma maneira geral.

Inovação tem sido a chave do sucesso do empreendedorismo social e das recentes iniciativas no âmbito da responsabilidade socioambiental. O Grameen Bank e o microcrédito são exemplos de inovações.

No Brasil, temos visto surgirem inúmeras iniciativas verdadeiramente inovadoras que têm ampliado positivamente o impacto social das organizações. De fato, temos boas histórias para contar.

Alguns anos atrás, um dos autores deste livro fez uma visita ao grupo AfroReggae. Desse encontro surgiu um projeto inovador que vem rendendo resultados excelentes e até

Sem inovação não há salvação! | 57

mesmo um prêmio, dado pela Câmara Brasileira da Indústria da Construção em Responsabilidade Social.

Você daria emprego para um ex-presidiário em sua empresa?

Você daria emprego para um ex-detento em sua empresa? Para muitos a resposta para essa pergunta sempre foi não. Entretanto, a Cofix e o Afro-Reggae[3] conseguiram produzir uma nova forma de pensar e ver oportunidades onde muitos só viam problemas e riscos.

Se não mudarmos nosso modo de pensar, não poderemos mudar o nosso mundo.
Muhammad Yunus[2]

Esse projeto começou com boas ideias, que foram devidamente tratadas e transformadas em metodologias que ainda hoje estão sendo aperfeiçoadas. É fato que projetos como esse acabam tendo um grande impacto positivo na sociedade.

Acredito que todas as pessoas são criativas, mas às vezes não percebem. É preciso desenvolver um ambiente para estimular a inovação. De qualquer forma, é bom permitir que líderes e funcionários corram riscos e possam falhar, porque é assim que vão aprender.

João Fernandes, comunicação corporativa

Siga o link para o vídeo "Por que os negócios podem ser bons na resolução de problemas sociais", com Michael Porter, ted.com. (legendas em português).

A Lei do Bem é boa mesmo!

> *Considera-se inovação tecnológica a concepção de novo produto ou processo de fabricação, bem como a agregação de novas funcionalidades ou características ao produto ou processo que implique melhorias incrementais e efetivo ganho de qualidade ou produtividade, resultando maior competitividade no mercado.*
> Art. 17, § 1º da Lei nº 11.196/2005

O que você acha de investir em inovação e dividir a conta com o governo federal? Desde 2005 isso ficou mais fácil!

Em 2005, o governo federal editou uma lei que consolidou uma série de incentivos fiscais para organizações que realizam pesquisa tecnológica e desenvolvimento de inovações tecnológicas[1]. Entre outros objetivos, o governo federal esperava criar um "novo marco legal para apoio ao desenvolvimento tecnológico e inovação nas empresas brasileiras".[2]

A lei federal nº 11.196/2005 foi muito bem recebida por parte da sociedade. Não é sempre que podemos ver leis com efeitos tão positivos. De fato, essa lei apresenta características tão incomuns que rapidamente passou a ser conhecida como a Lei do Bem!

Aproximadamente 80% das organizações brasileiras de médio porte (faturamento entre R$ 16 milhões e R$ 90 milhões) não fazem uso dos de incentivos fiscais disponíveis para inovação no Brasil. Quase metade dessas organizações simplesmente desconhece a existência desses incentivos.[3]

Na verdade, a Lei do Bem trata de assuntos bastante diversos, como regimes especiais de tributação para exportação de serviços em tecnologia de informação e aquisição de bens de capital para empresas exportadoras, e incentivos à inovação. O Capítulo III dessa lei é essencialmente dedicado aos incentivos à inovação tecnológica. Entre os vários incentivos fiscais previstos na lei para incentivar a inovação podemos mencionar:

- ⇨ Deduções de Imposto de Renda e da Contribuição sobre o Lucro Líquido – CSLL de dispêndios efetuados em atividades de P&D.
- ⇨ Redução do Imposto sobre Produtos Industrializados – IPI na compra de máquinas e equipamentos para P&D.
- ⇨ Depreciação acelerada desses bens.
- ⇨ Amortização acelerada de bens intangíveis.
- ⇨ Isenção do Imposto de Renda retido na fonte nas remessas efetuadas para o exterior destinadas ao registro e à manutenção de marcas, patentes e cultivares.

Curiosamente, esses incentivos não vêm sendo aproveitados pela maioria das empresas brasileiras. Um estudo realizado em 2012 pelo professor Fabian Salum da Fundação Dom Cabral com 149 empresas brasileiras de porte médio (faturamento entre R$ 16 milhões e R$ 90 milhões) revelou dados desanimadores[4]:

⇨ 48,9% dos participantes da pesquisa disseram desconhecer programas de incentivo à inovação.

⇨ 79,8% disseram não fazer uso de incentivos à inovação.

⇨ 69,4% não tinham parcerias com universidades ou institutos de pesquisa e desenvolvimento.

⇨ 46% disseram investir "nada" ou "muito pouco" (até 1% do faturamento) em inovação e P&D.

O estudo revelou ainda que, para aproximadamente um terço das empresas pesquisadas, as maiores barreiras internas à inovação seriam: culturas conservadoras, pouco espaço para inovação, aversão das empresas ao risco, falta de incentivo para ideias inovadoras, cultura departamentalizada, rígida, hierarquizada e burocratizada.

Ao que parece, há ainda um longo caminho para a grande maioria das organizações brasileiras percorrerem para se tornarem efetivamente inovadoras.

Siga o link para o espaço Caminhos da Inovação do FINEP.
O espaço apresenta a Lei do Bem e a Lei de Inovação.
www.finep.gov.br.

Inovadora e bem brasileira

E é por isso que hoje não há mais primeiro mundo, segundo mundo ou terceiro mundo. Existe apenas o mundo rápido – o mundo da grande planície aberta – e o mundo lento...

Thomas L. Friedman[1]

Vamos jogar um jogo? É coisa simples. Nós vamos lhe dar uma determinada palavra e você tem uma tarefa! OK? Sua tarefa é escrever as cinco primeiras coisas que lhe vierem à cabeça quando você ler essa palavra. Preparado? Preparada?

Escreva as primeiras coisas que lhe vierem à cabeça quando você pensa na palavra **inovação**.

1. - _____
2. - _____
3. - _____
4. - _____
5. - _____

Quais foram as primeiras coisas que lhe vieram à mente? Por acaso foram coisas como internet, Facebook, Apple, Google, iPhone? Foram outros itens do mundo da tecnologia? Perfeito! Para a maioria das pessoas essas são exatamente as primeiras coisas que são lembradas quando pensamos em inovação. Que tal pensarmos em outras coisas?

Para cada R$1,00 recebido pela EMBRAPA como receita líquida foi inferido um lucro social de R$8,62. Estamos falando de um lucro social de R$ 17,8 bilhões de reais.[2]

Por acaso você pensaria em feijão com arroz? Feijão com arroz faz parte do cotidiano da maioria dos brasileiros. Você pensaria neles como inovações? Alimentos não são coisas normalmente lembradas pelas pessoas quando falamos de inovação. Mas vamos reformular nossas perguntas.

Como você classificaria um arroz híbrido, muito mais produtivo que o arroz comum? O que você acha de um feijão transgênico resistente a uma das pragas mais comuns na agricultura (o mosaico dourado)? Que tal uma variedade de trigo mais resistente a condições climáticas adversas como a seca?

O que você acha do desenvolvimento de boas práticas para criação de bovinos de corte e para a pecuária de leite, que podem tornar os sistemas de produção mais rentáveis, mais competitivos, mais sustentáveis e, ainda por cima, tornarem os alimentos mais seguros?

Todos esses são exemplos de inovação e fazem parte do dia a dia dos brasileiros: feijão, arroz, trigo, carne e leite. Você pode nem perceber, mas provavelmente está consumindo inovações todos os dias, no café da manhã, no almoço e no jantar!

Devemos ainda ressaltar outro aspecto muito importante das inovações que acabamos de listar: todas elas vieram de uma das mais criativas e inovadoras empresas brasileiras: a Empresa Brasileira de Pesquisa Agropecuária (EMBRAPA).

Porém a terra em si é de muito bons ares, assim frios e temperados como os de Entre Douro e Minho. ... E em tal maneira é graciosa que, querendo-a aproveitar, dar-se-á nela tudo, por bem das águas que tem.
Pero Vaz de Caminha[3]

De fato, a EMBRAPA vem colecionando prêmios em inovação. Em 2011, por exemplo, apareceu no ranking das empresas brasileiras mais inovadoras, publicado pela revista Fast Company[4]. Ela apareceu em uma importante quinta colocação, depois de 1) Azul, 2) Ambev, 3) Petrobras e 4) Osklen. Mais recentemente, em dezembro de 2012, a Embrapa recebeu o prêmio "Líderes do Brasil" na categoria "Gestão e Inovação Pública". O prêmio, uma iniciativa do Grupo de Líderes Empresariais (LIDE), do Sistema Brasileiro de Televisão (SBT), da rádio Jovem Pan e da revista Forbes, é mais um importante reconhecimento do comprometimento dessa empresa com a inovação.

Os resultados que a EMBRAPA vem colhendo não podem ser atribuídos ao acaso. Longe disso: eles são resultado de um cuidadoso processo de desenvolvimento da gestão da inovação. O contínuo desenvolvimento de planos diretores, planos que norteiam toda a atividade da empresa, parece ser a base de todo esse sucesso. Sistemas de planejamento e de avaliação de desempenho têm sido criados para o comprimento desses planos diretores.[5]

A EMBRAPA tem ainda desenvolvido ferramentas específicas para a avaliação de projetos de inovação tecnológica. Elas têm ampliado continuamente a capacidade de mensurar a eficiência de projetos em inovação desenvolvidos nas diversas unidades da empresa.

Todo esse cuidado com a inovação tem sido muito lucrativo para a EMBRAPA e para o país. O Balanço Social da empresa em 2011 informa que as taxas internas de retorno na geração de inovações tecnológicas oscilaram entre 4,4 e 83%, o que corresponderia a uma taxa de retorno média de 45,1%. Para cada R$ 1,00 recebido pela EMBRAPA como receita líquida foi inferido um lucro social de R$ 8,62. Estamos falando de um lucro social de R$ 17,8 bilhões de reais. Nada mal! Nada mal mesmo![6]

Siga o link para o excelente artigo "O processo de inovação tecnológica na Embrapa e na Embrapa Agrobiologia: desafios e perspectivas".

PARTE 3
ESTIMULANDO A CRIATIVIDADE E A INOVAÇÃO

Esbarrar com ideias é apenas uma parte do processo de inovação. Se você tem uma ideia brilhante e tudo que você faz é escrevê-la em um memorando e 'cc' todo mundo, ela provavelmente não vai produzir nenhum impacto. Você tem que conseguir que as pessoas fiquem emocionalmente envolvidas. Ninguém tem coragem para atacar a Bastilha depois de receber um memorando.

John Kao[1]

Radares, cenouras e inovação!

> *Visão noturna pode significar a diferença entre vida ou morte. Coma cenouras e vegetais ricos em vitamina A, essencial para a visão noturna.*
>
> Cartaz divulgado na Inglaterra durante a II Grande Guerra[1]

Com frequência, ouvimos dizer que determinada organização é muito inovadora porque oferece salas com videogames, mesas de sinuca e máquinas de refrigerante para seus colaboradores. Ouvimos dizer ainda que determinadas empresas possuem salas especiais para discussão de problemas, horários flexíveis ou férias pagas no Nepal ou na Disneylândia. Que tal surfar, praticar yoga, meditar ou apreender Tai Chi Chuan durante o horário de trabalho?

Embora nenhuma dessas práticas seja, em si, prejudicial para a criatividade e a inovação nas organizações, podemos dizer que elas podem não ser exatamente as ações mais importantes para o desenvolvimento de organizações criativas e inovadoras. Em muitos casos, a divulgação desse tipo de informação pode funcionar muito mais como uma cortina de fumaça, dificultando o entendimento do que realmente está sendo feito para que uma determinada organização funcione de forma realmente criativa e inovadora.

A Royal Air Force se gabava de que a grande precisão de pilotos de caça britânicos à noite era resultado deles estarem sendo alimentados com enormes quantidades de cenouras, e os alemães acreditaram nisso porque sua sabedoria popular incluía o mesmo mito.²

Uma história da II Grande Guerra pode ilustrar melhor o que estamos falando.

Em julho de 1940, a força aérea alemã (Luftwaffe), iniciou uma série de ataques maciços contra a Inglaterra. Com esses ataques, os alemães esperavam destruir grandes cidades, como Londres, e tornar a Força Aérea Real inglesa (RAF) incapaz de defender o país contra forças invasoras. Se os ataques tivessem produzido os resultados esperados, os alemães teriam desencadeado uma grande ofensiva por terra sobre a Inglaterra, com consequências inimagináveis para o desenrolar da II Grande Guerra.

Batalha da Grã-Bretanha é o nome que historiadores costumam usar para falar dessa ofensiva alemã e a respectiva reação do Reino Unido. Embora diferentes fontes apresentem números distintos sobre as forças em combate, não há dúvidas de que, quando a ofensiva se iniciou, a Luftwaffe possuía um número muito maior de aviões que a RAF. Segundo a própria RAF, no começo dos ataques, a Luftwaffe contava com três frotas, perfazendo um total aproximado de 2.800 aeronaves, enquanto que a RAF dispunha de apenas 650 aeronaves em condições de uso.[3] Sob esse aspecto, a batalha parecia vencida pelos alemães. De fato, em diversos momentos as coisas ficaram realmente críticas para os ingleses.

Em julho, no início da ofensiva, boa parte dos ataques alemães era realizada à luz do dia. Entretanto, os resultados não foram tão promissores quanto os alemães esperavam. A RAF se mostrou bastante eficiente na identificação e interceptação das aeronaves alemãs. Com o desenrolar da batalha, os alemães intensificaram os bombardeiros noturnos ou em dias nublados. Eles acreditaram que isso poderia dificultar as defesas inglesas. A nova estratégia não surtiu o efeito esperado. Os alemães ficaram surpresos ao verificar que continuavam perdendo muito mais aviões que os ingleses. Em outubro, a batalha já estava perdida pelos alemães e havia custado aproximadamente 1.900 aeronaves!

Diversos fatores contribuíram para a derrota dos alemães, e o radar certamente foi um deles. Os ingleses estavam utilizando essa nova tecnologia para se proteger. Desde 1939, todo a costa central e sul da Inglaterra possuía estações de radar. Os alemães sabiam da existência dos radares, mas desconheciam sua real eficiência – e, pior, não tinham ideia do quanto eles estavam integrados num complexo sistema de defesa da ilha. A realidade é que os ingleses podiam detectar formações de aviões alemães enquanto eles ainda sobrevoavam a Europa e se organizavam em função dessas informações.

Além dos radares de terra, os ingleses utilizaram outra tecnologia que os alemães desconheciam inteiramente. Eles desenvolveram uma versão reduzida do radar e equiparam alguns de seus aviões com ela.

Com o apoio do radar, John Cunningham se tornou famoso como o piloto que mais derrubou aviões inimigos na batalha. Foram vinte. Deliberadamente, os ingleses deram um apelido para Cunningham: "olhos de águia". Como se sua eficiência fosse resultado apenas de sua habilidade visual.

Orientados pela sua inteligência, os ministros ingleses exaltavam a importância da cenoura para a visão. A inteligência britânica fez com que jornais ingleses divulgassem notícias de que a precisão de seus pilotos estava relacionada ao consumo de cenouras. Foram divulgadas notícias de que os pilotos estariam recebendo porções extras de cenouras para melhorar sua visão noturna.

Essa história fantástica pode nos ajudar e pensar sobre como determinadas organizações conseguem efetivamente estimular a criatividade e a inovação. Eles podem dizer que estão comendo cenouras, mas, na realidade, podem estar utilizando inovações que a concorrência simplesmente desconhece.

Boa parte do que ouvimos dizer que está sendo utilizado para estimular a inovação e criatividade em organizações que buscam estar sempre entre as mais criativas e inovadoras serve apenas para ocultar ações, no campo da gestão, que efetivamente estão revolucionando como as coisas são feitas.

Felizmente, podemos dizer que muitos grupos de pesquisa e consultorias, sobretudo na Europa e nos Estados Unidos, têm utilizado boas técnicas de análise para identificar componentes que efetivamente são essenciais para a promoção da criatividade e da inovação nas organizações. Alguns desses componentes são examinados na sequência.

Gestão da criatividade e da inovação

> *A inovação pode vir de produtos novos, novos processos ou novos modelos de operação e gestão; seja qual for a forma, sem método não se gerencia a inovação.*
> João Fernandes, comunicação interna

Tendo em vista o cenário que apresentamos em outras partes deste livro, fica fácil entender por que muitas organizações têm levado a sério a questão da criatividade e da inovação.

De fato, as organizações ajuizadas têm procurado desenvolver estratégias de gestão nessa direção. Programas de estímulo à inovação, para citar um exemplo, são hoje muito comuns.

Peter Drucker comenta que muitas inovações podem realmente surgir como um golpe de sorte, fruto da genialidade de alguém. Entretanto, a realidade é que organizações que pretendem ser inovadoras e permanecer no mercado não podem depender de golpes de sorte. Elas precisam buscar, de forma consciente e sistemática, por oportunidades de inovação.

Inovação tornou-se a principal orientação estratégica de organizações que buscam alcançar vantagem competitiva sustentada em um ambiente globalizado rico em conhecimento e hipercompetitivo.
Jonathon Halbesleben, Leadership Quarterly.[1]

A ideia básica é: com certeza podemos inovar, vamos descobrir como! Drucker chega a apresentar áreas de oportunidade para a inovação dentro e fora das organizações que deveriam ser consideradas sempre.

Mudanças demográficas, por exemplo, são boas oportunidades para a inovação. No Brasil, isso ficou bem claro com surgimento de uma nova classe C muito mais forte. As organizações que perceberam mais rapidamente essa mudança conseguiram tirar proveito das novas oportunidades que estavam surgindo muito antes da concorrência.

Em geral, como quase tudo nas organizações, a inovação não costuma acontecer por acaso. Ela demanda boas lideranças e boas práticas de gestão em todos os níveis da organização.

A reconhecida PricewaterhouseCoopers realizou em estudo com as mil maiores empresas, especialmente do Reino Unido, e chegou à conclusão de que as 20% mais inovadoras se diferenciavam das demais em pelo menos três aspectos:[2]

⇨ **Gestão cuidadosa do conhecimento:** organizações mais inovadoras controlam cuidadosamente seus processos de geração, armazenamento e recuperação de ideias. Elas entendem que o processo criativo pode ser uma excelente ferramenta para a identificação e resolução de problemas que estão sendo enfrentados pelo mercado. Ideias geradas na organização são valiosos ativos e precisam ser preservados e, ao mesmo tempo, estar disponíveis quando a organização precisa delas.

⇨ **Gestão do clima criativo e inovador:** organizações mais inovadoras entendem que a forma como os empregados interagem pode ser um enorme facilitador ou uma barreira instransponível para o processo de criação e implantação de novas ideias. Elas trabalham ativamente fomentando boas práticas. A forma como as falhas ou erros são tratados pelas equipes é um bom exemplo disso.

⇨ **Lideranças inclusivas:** organizações mais inovadoras possuem uma visão diferenciada do real papel de seus líderes. Estes são pessoalmente orientados para a criatividade e inovação e têm a capacidade de envolver e motivar suas equipes nessa direção. Líderes inclusivos são capazes de liderar de forma distinta com hierarquias. A melhor ideia frequentemente não é a ideia do chefe. Para eles isso não é um problema, na medida em que o time e a organização de beneficiem das melhores ideias.

Diferenças entre os processos de criatividade e inovação representam ainda importantes desafios para as organizações, sobretudo no que se refere à gestão de pessoas. Empresas inovadoras compreendem melhor essas diferenças e conseguem atuar de forma equilibrada, garantindo espaço tanto para a criatividade quanto para a inovação em todos os seus departamentos. As organizações precisam tanto de pessoal que saiba cuidar das rotinas e do ganho de eficiência quanto de pessoal que sabe e estimula a mudança e a adaptação. Encontrar ou desenvolver lideranças capazes de liberar o potencial criativo e inovador dos funcionários é hoje uma das habilidades mais importantes nas organizações.

Siga o link para o excelente texto "Desenvolvendo a criatividade nas organizações: o desafio da inovação", de Eunice Alencar, na Revista de Administração de Empresas.

Começando pela Missão, Visão e Valores

Imaginação é o começo da criação. Você imagina o que você deseja, você almeja o que você imagina e, finalmente, você cria o que você deseja.
George Bernard Shaw[1]

As organizações modernas precisam escolher cuidadosamente suas missões, visões e valores. A determinação desses elementos é fundamental para que as organizações caminhem com segurança na direção de seus objetivos. Criatividade e inovação podem e devem estar completamente integradas nesses elementos.

Sonhar

Inicialmente, precisamos reconhecer que nada acontece se não for primeiro um sonho. Para se conseguir realizar, precisamos vencer várias etapas, todas muito importantes e em sequência.

É a arte de criar, de conseguir ver o negócio no futuro que atenda às nossas aspirações.

É a fase em que o empreendedorismo aflora.

Mantenha seus pensamentos positivos, porque seus pensamentos tornam-se suas palavras. Mantenha suas palavras positivas, porque suas palavras tornam-se suas atitudes. Mantenha suas atitudes positivas, porque suas atitudes tornam-se seus hábitos. Mantenha seus hábitos positivos, porque seus hábitos tornam-se seus valores. Mantenha seus valores positivos, porque seus valores tornam-se seu destino.
Mahatma Gandhi[2]

Precisamos também atentar para as mudanças diárias que ocorrem no mundo; precisamos enxergar as mudanças do futuro, de modo que aquilo que pensamos criar hoje não se torne obsoleto amanhã; precisamos criar modelos de negócios que se inovem permanentemente.

Visão

É a descrição do futuro desejado para a empresa ou negócio. Nós não alcançamos aquilo que não vemos. A visão deve ser realista e visível por todas as pessoas que colaborem com o negócio ou se beneficiem dele. O entendimento da visão deve mostrar claramente o que a empresa quer se tornar, focando sempre os sócios, os colaboradores, os clientes e a sociedade. Empresas inovadoras tendem a ver mais longe e contagiam seus funcionários com essa visão. O que poderiam ser é sempre mais importante do que o que elas são!

Valores

No que acreditam os colaboradores de sua organização? Valores são as ideias, as crenças, que servem de critérios para comportamentos, atitudes e decisões de todas as pessoas, no exercício de suas responsabilidades e na busca dos seus objetivos.

Os valores podem, por exemplo, facilitar a cooperação entre os colaboradores e seu comprometimento com a empresa, com o mercado e com a sociedade como um todo. Os valores no fundo acabam definindo as regras dos comportamentos individuais, com os colegas, com os clientes, com a comunidade.

Os valores constituem também o suporte moral e ético da empresa. Valores definem as regras para que se execute a missão e consigamos alcançar a visão. Em muitas organizações, a crença no poder da inovação é tão forte e consolidada que praticamente exige que cada membro da organização trabalhe na procura de novas oportunidades e formas de fazer as coisas.

Missão

O que a sua organização se propõe fazer e para quem? A missão descreve o motivo da existência da empresa, a razão pela qual se considera necessária no mercado e a maneira como quer ser vista por ele. Organizações sem missão correm sempre o risco de se tornarem desnecessárias!

Cultura organizacional

A cultura de uma empresa é o resultado de sua história particular, mantida pelas lideranças no passado e no presente, que dá significado às experiências de seus membros. A cultura organizacional envolve o conjunto de atitudes, valores, normas, crenças e costumes mais disseminados na organização.

Entre alguns dos elementos da cultura organizacional podemos citar:

⇨ Nível de iniciativa individual, responsabilidade, liberdade e independência das pessoas.

⇨ Graus de tolerância ao risco, integração, clareza em relação aos objetivos e expectativas de desempenho.

⇨ Grau de identificação das pessoas com a organização, como um todo, que cria o que consideramos a verdadeira cultura empresarial.

A cultura pode ainda fomentar um senso de compromisso com a entidade social maior do que o simples interesse pessoal. Organizações fortes normalmente apresentam uma cultura forte e claramente identificável.

Clima como metáfora para criar e inovar

> *Ideias, assim como os indivíduos, vivem e morrem. Elas florescem, de acordo com sua natureza, em um determinado solo ou clima e decaem em outro. Eles são a vegetação do mundo mental.*
>
> Ajahn Dhiravamsa[1]

A empresa Aniquiladora é bem interessante. Na sua página institucional na internet consta que trata-se de uma empresa "movida pela inovação". A mesma mensagem é apresentada no jornal que ela distribui para os clientes: "Inovação é nosso negócio!". Quando você pergunta para os diretores, tem a impressão que eles decoraram frases como: "a inovação é uma coisa muito importante para nós"!

Mas aí você passeia pela empresa e conversa com as pessoas. Bem, conversar não é exatamente uma palavra boa, já que a maioria dos colaboradores tem medo de falar. Para ser mais exato, eles têm pavor de fazer qualquer coisa fora do script.

Aí você pergunta sobre como eles testam novos procedimentos. "Testar novos procedimentos? Não há necessidade! Os que temos funcionam bem! Além do mais, o supervisor não gosta de mudanças por aqui!"

A conversa prossegue e você percebe que eles ficam muito mais à vontade quando falam que estão em uma empresa que valoriza as tradições. Curiosamente, a ala da direção tem móveis pesados e antigos e paredes com fotos austeras dos fundadores da empresa.

Propor mudanças na Aniquiladora parece ser uma coisa muito perigosa. Os supervisores veem propostas de mudança como "invencionices" inúteis e desrespeitosas, uma traição ao grande fundador que um dia criou toda a empresa.

O que você acha do clima de inovação na Aniquiladora? Eles certamente são bons no negócio de aniquilar... ideias!

Pelo menos desde a década de 1950, universidades e empresas têm investigado fatores ou condições que estimulam ou inibem a criatividade e a inovação em ambientes de trabalho. Organizações têm procurado identificar, por exemplo, que aspectos no ambiente de trabalho têm real impacto na geração de ideias e na conversão dessas ideias em inovações. Está claro para todos que, em determinadas condições, as equipes tendem a ser mais criativas e inovadoras.

É seguro afirmar que os fatores ou condições que impulsionam ou dificultam a criatividade e a inovação nas organizações são hoje, de uma maneira geral, bem conhecidos. Boa parte dos pesquisadores e profissionais envolvidos com gestão utiliza a expressão *clima para inovação* para se referir a essas condições. O termo **clima** oferece uma metáfora muito útil para entender os desafios que envolvem estimular a criatividade e a inovação nas organizações.

O clima como uma metáfora

Árvores frutíferas precisam de temperatura adequada, água, luz e solo que forneça os nutrientes indispensáveis para que elas possam crescer frondosas e dar frutos.

A criatividade só pode sobreviver nas organizações onde o clima é empático ao processo como um todo.
Simon Majaro[2].

Você pode plantar mangueiras no deserto. Mas dificilmente você terá sucesso. Pense em um ambiente hostil, árido, com temperaturas elevadas, um solo duro e pobre. Você acredita que mangueiras podem crescer em ambientes assim?

Da mesma maneira, criatividade e inovação são elementos que precisam de condições favoráveis para que possam florescer e dar frutos. Nesse sentido, a palavra **clima** é uma boa metáfora para a promoção da criatividade e da inovação nas organizações. Gestores eficientes, tais como agricultores habilidosos, conseguem oferecer condições adequadas para a promoção de comportamentos criativos e inovadores no ambiente de trabalho.

O clima organizacional pode ser entendido como o conjunto de sentimentos, percepções, atitudes e comportamentos dos colaboradores que caracterizam a vida cotidiana dentro de uma organização.

O ponto central desse conceito é que ele se refere a como os colaboradores efetivamente percebem a organização. Por exemplo, eu posso acreditar que minha organização não permite nenhum tipo de falha, mesmo que ela ocorra quando tentamos fazer nosso trabalho da melhor forma possível. Essa percepção pode gerar uma série de consequências. É fato: em muitas corporações o medo é um dos sentimentos mais dominantes.

Se você é jardineiro, cuide bem de suas flores. Se você é flor, preste atenção no seu jardineiro.
João Fernandes,
Comunicação Interna

Muitos engenheiros, economistas e administradores tendem a classificar o clima organizacional como uma variável intangível. O termo intangível não é uma boa denominação para o clima nas organizações. Em primeiro lugar, porque as definições mais comuns de "intangível" se referem a coisas que não podem ser percebidas pelos sentidos. Uma das coisas que mais impacta os trabalhadores de uma organização é exatamente o clima organizacional. Ele é, acima de tudo, algo que podemos perceber e sentir.

Algumas vezes o terno intangível é utilizado para se referir a algo etéreo, quase que espiritual. Essa visão também não faz muito sentido. Chamar de intangível algo que produz impactos mensuráveis é, no mínimo, incoerente. Vale ainda mencionar que o clima organizacional é algo que pode e vem sendo mensurado e tangibilizado com modernas técnicas.

Podemos dizer que os trabalhos sobre o clima para a criatividade e inovações exploram aspectos do clima organizacional que mais impactam a produção de ideias e a conversão dessas ideias em resultados para as organizações.

Como melhorar o clima?

> *Há duas maneiras de ser criativo. Pode-se cantar e dançar. Ou pode-se criar um ambiente no qual cantores e dançarinos floresçam. Os líderes devem encorajar suas organizações a dançarem tipos de música que ainda não foram ouvidos.*
> Warren Bennis e Patricia Biederman[1]

Alguns fatores têm sido frequentemente apontados como facilitadores da criatividade e da inovação nas organizações. Neste capítulo, listaremos os dez mais frequentemente mencionados pelos especialistas.

Esses fatores foram identificados através de entrevistas com trabalhadores em diversos níveis das organizações (CEOs, supervisores, colaboradores menos qualificados), observações de condições de trabalho e desempenho de organizações e sofisticadas análises estatísticas dos dados obtidos com a aplicação de milhares de questionários desenvolvidos para avaliar o clima nas organizações. A seguir listamos os fatores que impactam o clima. A lista foi adaptada dos trabalhos de Göran Ekvall[2] e Tereza Amabile[3].

Incentivo das lideranças

O fator mais importante na determinação do clima de uma organização é o seu principal executivo.
Charles Galloway

Os líderes devem atuar como exemplos e fomentar um clima de confiança dentro da equipe. Eles devem valorizar tanto as contribuições individuais quanto o trabalho de equipe. São eles que estimulam e valorizam cada iniciativa com o objetivo de inovar produtos e processos.

Isoladamente, a liderança tem sido apontada como o fator individual mais importante para a inovação nas organizações. Quando os líderes não estão efetivamente comprometidos, todo o resto tem pouca chance de avançar!

Desafio

Em organizações criativas, prevalece um sentimento de que é importante trabalhar duro e cada tarefa e projeto é visto como um desafio a ser vencido.

O fator desafio refere-se ao envolvimento emocional dos colaboradores com os objetivos e as metas da organização. Quando os desafios são estabelecidos de forma adequada em uma organização, os colaboradores tendem a experimentar sentimentos positivos como alegria e animação frente a dificuldades e obstáculos.

O trabalho das pessoas ganha significado, faz sentido para elas. Nessas condições, as pessoas tendem a investir muita energia em seu trabalho. O oposto desse cenário envolve sentimentos de alienação e indiferença. Predominam a apatia e a falta de interesse nas questões da organização.

Liberdade

Em organizações inovadoras, as pessoas costumam ter liberdade para decidir a melhor forma de realizar suas tarefas. Prevalece ainda um sentimento de autocontrole sobre o próprio trabalho.

Nunca diga às pessoas como elas devem fazer as coisas. Diga-lhes o que fazer e eles vão lhe surpreender com sua engenhosidade.
George S. Patton

Quando um clima de liberdade predomina em uma organização, as pessoas sentem que possuem autonomia. Elas fazem contatos, buscam e fornecem informação ativamente, discutem problemas, pensam em alternativas. Elas têm espaço para tomar decisões.

Em organizações sem liberdade, as pessoas tendem a agir passivamente; elas se sentem desautorizadas a buscar alternativas quando os procedimentos estabelecidos não conduzem à solução de problemas.

Apoio a novas ideias

Em algumas organizações o trabalho criativo é reconhecido e recompensado. A organização estimula formalmente o desenvolvimento de novas ideias, discussões e tem uma visão compartilhada do que a organização pretende realizar.

Como novas ideias são tratadas em uma organização? Em um clima de apoio, ideias e sugestões tendem a ser ouvidas ou recebidas atentamente. Supervisores e colegas tendem a apoiar a discussão de novas ideias.

As organizações precisam deixar claro se pretendem promover a criatividade ou a inovação, e depois disso têm que encontrar separadamente criatividade e inovação e, em seguida, apoiá-las.

As pessoas se ouvem e encorajam iniciativas. A experimentação de ideias é bem-vinda. Quando o suporte a ideias é baixo, as sugestões tendem a ser simplesmente ignoradas ou criticadas imediatamente quando são apresentadas. Identificar falhas nas novas ideias ou obstáculos para experimentação são comuns na ausência de apoio a novas ideias.

Organizações inovadoras oferecem recursos adequados (verbas, materiais, instalações, informações) para que as tarefas relacionadas à inovação sejam realizadas.

Confiança

Você acredita que pode confiar em seu supervisor? Quando há confiança nas organizações e equipes, as pessoas sentem que podem apresentar suas ideias e opiniões.

Criatividade floresce quando temos uma sensação de segurança e autoaceitação.
Julie Cameron

As iniciativas podem ser tomadas sem medo porque normalmente, em caso de fracassos, não há punições nem represálias e as pessoas não são ridicularizadas.

A comunicação tende a ser aberta e direta. Quando não há confiança, as pessoas tendem a se proteger, desconfiam dos colegas, não falam o que pensam e têm medo de cometer erros.

Em organizações inovadoras as pessoas se comunicam com facilidade e estão abertas a novas ideias. As pessoas confiam umas nas outras e há um clima de cooperação. As pessoas se sentem comprometidas com os objetivos da equipe.

Dinamismo

O dia a dia em organizações criativas e inovadoras tende a ser agitado. Muitas coisas novas acontecem ao mesmo tempo e a atmosfera é dinâmica. Mudanças nas rotinas ou na forma de resolver problemas são frequentes. Há um sentimento estimulante de que as coisas novas acontecem a todo o momento.

Em organizações onde falta dinamismo, prevalece um sentimento de paralisia ou monotonia. As surpresas ou mudanças são raras e as equipes tendem a fazer as coisas repetitivamente, como elas sempre foram feitas.

Presença de debates

Encontros formais e informais para o debate de ideias são estimulados e ocorrem com mais frequência em organizações criativas. Pontos de vista diferentes não são desconsiderados, e a diversidade de ideias é valorizada.

O negócio todo começa com ideias, e estamos convencidos de que as ideias surgem de um ambiente de conflito de apoio, que é sinônimo de adequado debate.
Michael Eisner

As pessoas gostam de ser ouvidas e se sentem estimuladas a apresentar seus pontos de vista. As pessoas tendem a realizar seu trabalho sem questionar nada quando debates não são abertamente estimulados.

Problemas políticos internos, valorização exagerada da tradição, críticas excessivas à produção de novas ideias e concorrência interna destrutiva são alguns dos obstáculos mais encontrados nas organizações.

Bom humor

Um ambiente descontraído e alegre costuma caracterizar as organizações inovadoras. Os problemas tendem a ser vistos com humor.

Criatividade é a inteligência se divertindo.
Albert Einstein

Piadas não são raras. As pessoas são mais espontâneas e os sorrisos estão por toda parte. A falta de humor e alegria costuma gerar ambientes duros e pesados. Pequenos ou grandes problemas tendem a ser tratados como coisas muito graves. Piadas e sorrisos são considerados inadequados nessas organizações tradicionais.

Ausência de intrigas e politicagem

Em organizações criativas, tensões interpessoais não são frequentes. As pessoas tendem a ter certa inteligência emocional e resolvem suas desavenças de forma positiva. Há muita empatia e cumplicidade.

O homem nunca será livre até que seja capaz de direcionar suas emoções para pensar com clareza. Só então ele poderá controlar seu ambiente e preservar a sua energia para o trabalho criativo.
Albert Einstein

Quando os níveis de conflito são altos, predominam as inimizades e tensões entre equipes e indivíduos. Intrigas, boatos, calúnias e traições são elementos habituais na vida de organizações assim. Quando o conflito predomina, a organização como um todo perde, a produtividade cai e as novas ideias desaparecem.

Capacidade de assumir riscos

Organizações mais inovadoras tendem a ser mais tolerantes com relação à incerteza. Elas preferem assumir riscos para tomar decisões mais rápidas, mesmos que com menos informação, do que esperar análises mais detalhadas e exaustivas que, em geral, demandam muito mais tempo.

Criatividade é permitir-se cometer erros. Arte é saber quais manter.
Scott Adams

Dessa forma, novas oportunidades tendem a ser aproveitadas com mais rapidez. Em organizações avessas aos riscos prevalece um modo de funcionamento demasiadamente cauteloso e normalmente hesitante. Decisões habitualmente são proteladas para que se possa pensar mais sobre o assunto. Comissões são criadas cada vez que alguma decisão precisa ser tomada.

Tempo para novas ideias

Em organizações criativas as pessoas efetivamente têm tempo para pensar e elaborar novas ideias. O investimento de tempo em novas ideias costuma ser bastante compensador. Quando a carga de trabalho do dia a dia chega a impedir que as pessoas possam refletir sobre o que estão fazendo, as possibilidades de criação e inovação tendem a desaparecer.

Um volume de tarefas inadequado, pressão de tempo excessiva, assim como expectativas irrealistas sobre produtividade são obstáculos ao trabalho criativo.

Siga o link para o fantástico vídeo "Como as escolas matam a criatividade", com Ken Robinson, ted.com (legendas em português).

Estratégia, inovação e eficácia

> *Os ideais são como as estrelas, você não vai conseguir tocá-los com as mãos. Mas, como o homem do mar no deserto das águas, você os escolhe como seus guias e, seguindo-os, você alcançará o seu destino.*
>
> Carl Schurz[1]

Onde estou e aonde quero chegar? O que quero conseguir para mim? O que quero para minha família? O que quero para a minha empresa? O que quero para a sociedade?

Qualquer pessoa está inserida em pelo menos um destes pensamentos estratégicos; do operário que busca evolução profissional e cuidar melhor de sua família ao político que tem – ou deveria ter – como meta proporcionar melhor qualidade de vida para seus eleitores. Então, para que se consiga a eficácia de nossas ambições e sonhos, precisamos, diariamente, focar na estratégia de nossas ações e decisões para alcançarmos e até superarmos tudo aquilo que planejamos como algo que nos pode realizar e aos outros.

A inovação é a maneira como vamos percorrer diariamente os caminhos que traçamos para sair de onde estamos até onde pretendemos chegar.

Algumas regras fundamentais são necessárias para que aquilo que sonhamos se torne aquilo que podemos realizar.

- ⇨ Defina o que almeja para você, para sua família, para sua empresa, para seu país.
- ⇨ Procure descobrir onde você está e onde estão as pessoas que de alguma forma dependem de você.
- ⇨ Estabeleça desafios, metas e objetivos para você e para todos.
- ⇨ Procure inovar e trace caminhos diferenciados para alcançar aquilo a que se propõe. Sempre haverá caminhos mais fáceis de percorrer que podem nos levar a conseguir nossos objetivos.
- ⇨ Estabeleça objetivos mensais para alcançar as metas desejadas. Quanto mais curtos os objetivos, mais fácil é fazer as correções de percurso que sempre serão necessárias para não sair do caminho e corrigir os desvios de rumo que acontecerão. Dê asas à sua imaginação sempre, ou seja, inove todos os dias.
- ⇨ Controle, controle, controle. Para planejar as metas e os objetivos para alcançá-las, estabeleça os percentuais e pesos dos objetivos e verifique mensalmente se conseguiu alcançar as partes das metas estabelecidas. O simples fato de controlar proporciona uma reflexão do estágio em que estamos, em qualquer momento, em relação às metas, descobrir novos caminhos ou até verificar quais objetivos e metas são mais fáceis ou difíceis do que imaginamos.

Procure engajar sua família ou seus colaboradores nos seus propósitos; faça com que todos se automonitorem, questionem o que não foi alcançado e ajudem a indicar novos caminhos. Não se esqueça de comemorar pessoalmente, com a família ou com a equipe, as pequenas vitórias. Elogie, estimule sempre. Torne-se a pessoa certa no lugar certo. Torne-se o verdadeiro líder.

Oito passos para gerar empresas inovadoras

> *Seu primeiro papel é o pessoal.*
> *(...) É a relação com as pessoas, o desenvolvimento de confiança mútua, a identificação de pessoas, a criação de uma comunidade. Isso é algo que só você pode fazer.*
>
> Peter Drucker[1]

Diversos especialistas têm apresentado listas de coisas que devemos e não devemos fazer para estimular a criatividade e a inovação em organizações. As sugestões a seguir foram adaptadas de um livro extraordinário: "Fazendo a Inovação Funcionar", de Davila, Epstein e Shelton. Embora a maior parte dessas sugestões já tenha sido apresentada neste livro antes, aqui você vai encontrar uma espécie de passo a passo. Temos certeza de que, se aplicadas da forma correta, essas sugestões devem funcionar na maioria das organizações.

1. Lidere o processo em sua organização. Os líderes do alto escalão devem informar de forma clara que a organização deve ser criativa e inovadora, e devem indicar a direção a ser seguida. Essa diretriz ajuda a organização a orientar, apoiar e

recompensar de forma mais ampla as ações que promovem a criatividade e a inovação. Charles Prather disse isso de outra forma, algo como "Traga os líderes para o barco". Se os líderes do alto escalão não estiverem no mesmo barco, a coisa dificilmente funcionará.

2. Incorpore os conceitos de criatividade e a inovação na mentalidade de sua organização. Criatividade e inovação não devem acontecer ocasionalmente, elas devem ser a forma como a organização funciona no seu dia a dia. Incorpore esses conceitos na missão, na visão e nos valores de sua organização!

3. Dissemine a ideia de que todas as pessoas podem ser criativas e inovadoras. Ao ouvirem isso, elas poderão tentar aprender a ser inovadoras. É necessário desenvolver um ambiente que estimule a criatividade e a inovação. Como já dissemos, é bom permitir que líderes e funcionários possam correr riscos e falhar.

4. Avalie que tipos de inovação são mais apropriados neste momento para sua organização. Dependendo do momento, cada negócio pode demandar um tipo específico de inovação. Nossa experiência é que grandes ideias normalmente podem ser copiadas, mas as ideias aparentemente menores e ligadas às rotinas não chamam atenção. Essa mentalidade acaba sendo incorporada aos serviços ou produtos e tendem a gerar avanços constantes que são incorporados à cultura da empresa.

5. Equacione em sua organização tensões entre: criatividade e inovação e entre organização e adap-

tação. Como vimos, a organização deve se preocupar tanto com a geração de ideias quanto com a transformação dessas ideias em bons negócios.

6. Elimine barreiras para a inovação. A estabilidade é importante, mas a mudança também é essencial. Elimine barreiras para a mudança em sua organização. Estimule os agentes de mudança e utilize os agentes da estabilidade em funções adequadas ao seu perfil.
7. Estimule a procura ativa por conhecimento e oportunidades de inovação dentro e fora de sua organização e o trabalho em rede. A inovação demanda ação propositiva, trabalho colaborativo em rede e conhecimento. Muito conhecimento e muita colaboração são essenciais.
8. Crie formas de medir e recompensar adequadamente a criatividade e a inovação em sua organização. Um antigo adágio do mundo gerencial diz que tudo aquilo que não é medido simplesmente não pode ser gerenciado. Estimule criatividade e inovação incluindo esses itens na avaliação individual dos colaboradores.

Siga o link para ler "Criatividade e o papel do líder", de Teresa Amabile e Mukti Khairede, na Harvard Business Review!

Avalie o clima em sua equipe

A criatividade sempre foi a alma do negócio, mas até agora não tem estado no topo das agendas de gestão.
Teresa Amabile e Mukti Khaire[1]

Na tabela a seguir são apresentadas algumas afirmações. Leia cuidadosamente cada frase e reflita o quanto cada uma delas é realmente verdadeira para a sua organização.

Melhor do que isso, avalie se a afirmação é verdadeira na maior parte do tempo ou se normalmente as coisas acontecem daquela forma. Marque um OK sempre que você avaliar que na maior parte do tempo a afirmação é verdadeira para sua equipe.

Cada pergunta refere-se a um elemento do clima para a criatividade e a inovação. Você seria capaz de identificar o foco de cada pergunta?

Na maior parte do tempo sua equipe é assim?	OK?
A chefia incentiva a produção de ideias novas.	
As pessoas podem tomar decisões sobre seu próprio trabalho.	
As pessoas são encorajadas a resolver problemas criativamente.	

Na maior parte do tempo sua equipe é assim?	OK?
Ideias novas e boas são apoiadas pela organização.	
Brigas internas e conflitos são raros.	
Temos tempo para desenvolver ideias novas.	
Somos desafiados pelo trabalho que estamos fazendo.	
Recebemos os recursos que precisamos para realizar nosso trabalho.	
Sentimos segurança para apresentar nossas opiniões, mesmo quando outros pensam diferente.	
Punir não é a principal forma de lidar com falhas.	
A chefia demonstra respeito e confiança em nosso trabalho.	
A chefia valoriza nosso trabalho.	
As pessoas se ajudam umas às outras.	
Estamos motivados e comprometidos com os resultados da organização.	
Temos um clima leve, alegre e descontraído; as pessoas sorriem.	
As pessoas acreditam que podem tomar iniciativas.	

Quantos OKs você marcou? Quanto mais OKs, melhor é o clima para a criatividade e a organização na sua equipe. Em que áreas você acha que sua equipe precisa evoluir?

Qual é o estágio de desenvolvimento da sua empresa?

> *Os resultados do nosso estudo foram fortemente contraintuitivos. Embora 85% das principais iniciativas de mudança que estudamos tenham atendido ou superado metas de desempenho preeestabelecidas (pelas organizações), menos de 30% dos líderes que conduziram essas iniciativas foram promovidos... Cerca de 70% dos executivos que lideraram grandes transformações foram sub-recompensados, postos de lado, demitidos ou estimulados a sair.*
>
> Stratford Sherman e Marisa Faccio[1]

Conforme já afirmamos em outros momentos, incentivar a inovação não demanda, necessariamente, grandes investimentos. Em muitos casos, um pouco de atenção e uma certa inventividade podem produzir grandes resultados.

João Fernandes estava lendo o excelente trabalho de Stratford Sherman e Marisa Faccio sobre grandes mudanças em organizações[2] e, entre outros aspectos relevantes, o trabalho desses autores lhe chamou a atenção para dois aspectos especialmente importantes dentro das organizações: 1) como as mudanças são vistas pela organização e 2) como os agentes de mudança são tratados pela organização.

João Fernandes ficou especialmente interessado na forma como Sherman e Faccio classificaram as organizações, considerando o efetivo apoio que elas oferecem para o processo de mudança. Para eles as empresas poderiam ser classificadas em quatro grupos: Modelos, Mestras, Guerreiras ou Lentas.

Tipos de organizações
Adaptado de Stratford Sherman e Marisa Faccio[3]

Lentas	Não tem certeza de como implantar mudanças. Poucas iniciativas excedem as expectativas.
Guerreiras	Várias iniciativas excedem as expectativas, mas subvalorizam o desenvolvimento das lideranças.
Mestras	Valorizam a maestria individual e cuidam enfaticamente do aprimoramento das lideranças, mas não tem capacidade de mudança sofisticada.
Modelos	Assumem as mudanças com entusiasmo e consideram indispensável o desenvolvimento das lideranças. Muitas iniciativas excedem as expectativas.

Na verdade, o trabalho original de Sherman e Faccio comparava empresas, mas João Fernandes se fez uma pergunta um pouco diferente: como andam as coisas dentro de nossa organização? Qual é o estágio de desenvolvimento de nossa empresa, considerando cada um de seus departamentos?

A pergunta de João Fernandes chama a atenção para um fato muito simples e também muito relevante. Muitas vezes não levamos em conta que as organizações podem ser mais heterogêneas do que imaginamos, que os diferentes departamentos podem ser muito diferentes. Por exemplo: uma empresa com um departamento de pesquisa e desenvolvimento muito arrojado pode ter uma contabilidade muito conservadora ou tradicional.

Como estimular a inovação em todas as partes de uma organização? João Fernandes desenvolveu uma metodologia muito simples, mas também muito eficaz.

Num primeiro momento, foi desenvolvido e aplicado um questionário para que cada área da organização pudesse avaliar o próprio ritmo em que se encontra. O questionário foi desenvolvido com base nas ideias de Sherman e Faccio.

Após a aplicação do questionário os dados coletados foram cuidadosamente analisados. Os resultados da avaliação foram apresentados em reuniões de governança corporativa. Todos os gerentes tiveram a oportunidade de conhecer quais eram as percepções sobre o ritmo das mudanças em suas áreas. Todo esse conhecimento fomentou uma grande discussão dentro da companhia. Na sequência, planos de ação foram elaborados para estimular o desenvolvimento de cada departamento.

Um ponto importante de todo esse trabalho é que ele estimulou as discussões dentro da própria organização sobre a importância da mudança e o quanto cada departamento estava aberto e preparado para ela.

PARTE 4
MENTES CRIATIVAS

O mais importante ativo de uma companhia não é matéria-prima, sistema de transporte ou influência política. É o seu capital criativo – dito de uma forma simples – o arsenal de pensadores criativos cujas ideias podem ser transformadas em valiosos produtos e serviços.

Richard Florida e Jim Goodnight[1]

Árvores coloridas

> *Toda criança é um artista. O problema é continuar artista depois que se cresce.*
> Pablo Picasso[1]

A história a seguir, escrita por Francisco Coelho e publicada na revista portuguesa Mundo das Plantas e Jardinagem[2], é um excelente exemplo da criatividade infantil.

"Num longínquo 24 de dezembro, um rapaz de nome João Fernandes recebeu como prenda de natal dos pais uma caixa de lápis de cor. Esse momento registrou-se há mais de sessenta anos numa pequena aldeia no norte de Portugal, no seio de uma família humilde cujo casal teve sete filhos e onde a dura subsistência vinha essencialmente da agricultura e lavoura.

Senti que a minha sede de conhecimento estava sendo estrangulada pelos meus professores.
Albert Einstein[3]

No dia seguinte o jovem rapaz foi apanhado pelos pais com a caixa de lápis vazia. Espontaneamente os pais demonstraram não só a surpresa, mas igualmente uma reação menos afável, justificada pelo valor elevado da caixa de lápis para o reduzido orçamento familiar na época.

Sentindo a pressão do polegar e do indicador da mão direita da mãe no seu pavilhão auricular, o pequeno João conduziu a mãe até ao quintal e mostrou-lhe onde estavam os lápis, desenterrando-os um a um.

Incrédula, a mãe perguntou-lhe por que que o João tinha feito aquilo. E o João respondeu que "... é para nascerem árvores coloridas".

(...) para a minha geração, eu nasci em 1950, foi dito que, se você trabalhasse duro, fosse para a universidade e conseguisse um diploma, estaria preparado para a vida. Bem, ninguém mais acha que isso é verdade, e, ainda assim, mantemos nossos sistemas escolares, como se assim fosse. ... ser criativo é essencial para nós, é essencial para a nossa economia.[4]

Esta bonita história real tem sido inúmeras vezes contada e publicada fora de Portugal. Hoje João Fernandes é um empresário considerado e apreciado no Brasil, presidente de uma empresa de sucesso no ramo da construção no Rio de Janeiro, e sei que ao longo da sua vida semeou vários sonhos de árvores coloridas e concretizou muitos deles. Que belo e real exemplo de vida empreendedora para todos nós."

Ao que parece, as crianças costumam nascer com uma certa criatividade natural. Elas também costumam ser curiosas. Aí elas vão para a escola. Albert Einstein mencionou várias vezes como o sistema educacional poderia ser um inimigo da curiosidade. "Senti que a minha sede de conhecimento estava sendo estrangulada pelos meus professores"[5]. Ele ainda costumava ressaltar que "o importante é não parar de questionar, nunca perder a santa curiosidade"[6].

Nosso longo processo de escolarização formal, com educação básica, educação superior e até pós-graduações como MBAs, pode não estar nos dando aquilo que mais precisamos hoje: espírito inovador!

104 | Sobre Mentes Criativas e Empresas Inovadoras

Siga o link para uma excelente entrevista "Por que criatividade agora?", com Ken Robinson, para a Educational Leadership.

Adaptadores e reformadores

> *Tenho trabalhado muito com empresas da Fortune 500 e elas estão sempre dizendo: 'Nós precisamos de pessoas que podem ser inovadoras, que podem pensar diferente' (...) A América está enfrentando agora o maior desafio que já enfrentou para manter a sua posição na economia mundial. Todas essas coisas demandam altos níveis de inovação, criatividade e engenhosidade.*
>
> Ken Robinson[1]

Geraldo é engenheiro mecânico e trabalha para uma grande empresa estatal brasileira. Fala mansa, cabelos totalmente brancos e bem penteados, e óculos redondos, tipo John Lennon, fazem dele uma pessoa bem simpática.

Geraldo possui várias características interessantes. Pode-se dizer que ele não é muito chegado a mudanças. Desde que começou a pagar as próprias contas, só compra carros de uma fabricante e por anos comprou sempre o mesmo modelo. Foi forçado a escolher outro modelo quando o seu foi aposentando pela fabricante e saiu de linha. Só depois de um longo período de experiência conseguiu adaptar-se a um novo modelo. Hoje está feliz com ele e não o troca por nada. Geraldo tem uma filha, seu maior orgulho. Ela estuda medicina em uma boa universidade. Ele, esposa e filha vivem na casa que compraram pouco depois de se casarem. A casa sofreu várias reformas ao longo dos anos, mas é essencialmente a mesma. Boa parte dos móveis é de madeira de lei e também remonta ao início de seu casamento. Geraldo gosta de estabilidade e dos clássicos.

No trabalho, ele realmente se aplica na busca de soluções para os problemas que lhe são apresentados e costuma fazer isso de forma disciplinada e metódica. Ele é uma referência em seu departamento. É detalhista e adora rotinas. Dizem que ele é praticamente imune ao tédio e que transmite tranquilidade aos colegas. Outra coisa interessante: Geraldo tem um apreço especial pelas regras. Ele trabalha para que elas sejam cumpridas e raramente as desrespeita. Ele é sensível à crítica de colegas e chefias e tende a se ajustar para não ter que ouvir "abobrinhas", como ele mesmo costuma dizer.

Luiz também é engenheiro mecânico e, por acaso, trabalha para a mesma estatal que Geraldo. Ele também é uma pessoa agradável, mas pode-se dizer que as semelhanças entre os dois praticamente acabam aí. O cabelo preto está invariavelmente desalinhado, assim como seu escritório em casa, cuja organização só ele consegue entender. A mulher de Luiz costumava proibir que visitas entrassem lá. Faz sentido! Poderia ser perigoso! É difícil saber que automóvel Roberto está usando. Ele não consegue ficar por muito tempo com um mesmo modelo.

O trabalho de Luiz também é muito admirado em seu departamento, mas por razões muito diferentes. O modo como ele descobre e soluciona problemas costuma ser desconcertante. Usualmente ele aborda as questões de ângulos não usuais, e isso faz com que ele seja capaz de enxergar coisas que a maioria não vê. Chega a ser engraçado ver as pessoas perplexas com suas sugestões.

Luiz não se apega muito a detalhes, e a maneira mais fácil de fazê-lo infeliz é dar-lhe tarefas que envolvam rotinas. Luiz não chega a ser indisciplinado, mas o fato é que, de maneira geral, ele parece não ligar muito para regras. O ambiente ao seu redor nunca é calmo. Ele parece contaminar as pessoas com uma eletricidade e as coisas ficam bem mais agitadas quando ele se envolve nos projetos. Para completar, está sempre pedindo coisas novas para a sua equipe.

Provavelmente você conhece pessoas como o Geraldo e o Luiz. Uma coisa que chama a atenção, quando pensamos em pessoas assim, é que elas parecem enxergar e resolver os problemas de forma muito diferente.

Em meados da década de 1970, essas diferenças chamaram muito a atenção de Michel J. Kirton, na época um promissor pesquisador inglês. Kirton iniciou uma série de estudos sobre estilos de resolução de problemas. Esses estudos acabaram tornando-o mundialmente conhecido[2]. Não por acaso, ele assumiu várias posições de destaque, como a de diretor de um centro de pesquisa sobre ocupação, em um dos primeiros centros de tecnologia do Reino Unido, o Hatfield Polytechnic.

Após quase quatro décadas de trabalhos que têm influenciado diretores de empresas, gerentes e acadêmicos em todo o mundo, poderíamos resumir as contribuições de Kirton da seguinte forma: todas as pessoas possuem criatividade e habilidades para solucionar problemas. Entretanto, algumas pessoas têm uma preferência ou uma orientação natural para buscar "fazer as coisas melhor" enquanto outras preferem e naturalmente buscam "fazer as coisas diferente".

Assim, as pessoas poderiam ser classificadas dentro de um mesmo contínuo de adaptação e inovação. Num extremo estariam os reformadores, que normalmente buscam "fazer as coisas melhor", e no outro extremo estariam os inovadores, que tendem a "fazer as coisas de forma diferente".

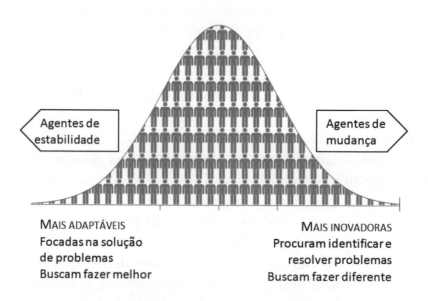

O contínuo Adaptação – Inovação

Como você se classificaria?

Para Michael Kirton inovadores e reformadores possuem algumas características em comum. Veja a tabela a seguir. O que você acha?

Adaptadores	Inovadores
Confiabilidade, método, prudência e disciplina são palavras que os definem.	Não são metódicos. Abordam os problemas de ângulos inesperados, fazendo novas conexões.
Foco na solução de problemas que lhes são apresentados.	Buscam identificar problemas e novas formas de solução.
Buscam melhoria e maior eficiência, com o máximo de continuidade e estabilidade.	Buscam melhoria mudando a forma como as tarefas são realizadas.
Procuram resolver bem os problemas, utilizando soluções já conhecidas.	Procuram novas formas para resolver problemas.
Capazes de realizar tarefas rotineiras e detalhadas por longos períodos. Gostam de rotinas.	Capazes de realizar tarefas rotineiras apenas por curtos períodos. Rapidamente delegam tarefas de rotina.
Mais práticos e previsíveis, focam em cuidar do negócio.	Menos práticos e previsíveis, focam em mudar o negócio.
São autoridades quando as estruturas funcionam.	Destacam-se quando as estruturas não funcionam.
Raramente desafiam as regras e fazem isso com grande cautela.	Muitas vezes desafiam as regras, não valorizam costumes.
Mais sensíveis em relação às pessoas; buscam coesão e cooperação nos grupos.	Menos sensíveis em relação às pessoas; coesão nos grupos não é seu foco.

Siga o link para um interessante artigo: "Estratégia e criatividade em pequenas empresas", de Fernando Gimenez, sobre adaptadores e reformadores em empresas no Brasil.

Ninguém é mais inteligente do que todos nós

> *Em uma sociedade tão complexa e tecnologicamente sofisticada como a nossa, os projetos mais urgentes requerem contribuições coordenadas de muitas pessoas talentosas. Se a tarefa é construir um negócio global ou descobrir os mistérios do cérebro humano, uma única pessoa não pode ter esperança de realizá-lo, por mais talentosa ou cheia de energia que ele ou ela possa ser.*
>
> Warren Bennis e Patricia Biederman[1]

No capítulo anterior nós discutimos diferenças entre reformadores e inovadores. Uma pergunta que poderia surgir: qual desses perfis seria ideal para quem deseja ter uma organização inovadora? A resposta é bem simples: ambos!

Como vimos no capítulo **Organização e adaptação**, as empresas precisam se manter organizadas e, ao mesmo tempo, estar continuamente buscando adaptação a ambientes em plena e rápida transformação. Nesse sentido, podemos dizer que precisamos de agentes de mudança e agentes de estabilidade em nossas organizações.

Em tempos de mudanças rápidas, a experiência pode ser seu pior inimigo.
John Paul Getty[2]

Adaptadores são fundamentais e oferecem certa estabilidade, ordem e continuidade que os inovadores precisam para trabalhar. Eles fornecem segurança para o trabalho mais arriscado dos inovadores. Já os inovadores oferecem uma dinâmica que impulsiona as organizações em direção ao novo.

Warren Bennis e Patricia Ward Biederman[3] destacam um aspecto fundamental do processo de inovação. Nós normalmente pensamos na imagem de um único indivíduo, nosso super-herói, que seria responsável pelo o avanço da organização inovadora. Ao fazermos isso esquecemos um aspecto importante: inovação é um processo fundamentalmente coletivo que envolve pessoas trabalhando em grupos cooperativos.

"Ninguém é mais esperto do que todos nós" é, provavelmente, a mensagem mais importante do fantástico trabalho de Bennis e Biederman[4].

De fato, muitos trabalhos apontam que grupos com pessoas de perfis bem diferentes tendem a ser mais criativos e inovadores. Pessoas com características, nacionalidades ou formações diferentes podem oferecer uma maior variedade de perspectivas para as equipes e contribuir para a eficiência dos times como um todo.[5]

Em um trabalho relativamente recente e interessante, um grupo de pesquisadores do Instituto de Tecnologia de Israel realizou um estudo com 41 equipes que trabalhavam em pesquisa, desenvolvimento e inovação radical.

Os pesquisadores Ella Miron-Spektor, Miriam Erez e Eitan Naveh chegaram à conclusão de que o ideal seria ter pessoas com perfis diferentes no time. Mais ainda, eles concluíram que uma determinada proporção de conformistas (ou adaptadores) seria benéfica para as equipes mais inovadoras.[6]

O balanço ideal de perfis em uma determinada equipe, de acordo com o estudo, seria o seguinte:[7]

~ 50%	**Sem perfil determinado** Aproximadamente metade da equipe não deveria ter um padrão de pensamento específico. Estes deveriam ser mais polivalentes.
20% a 30%	**Inovadores** Esta deveria ser a proporção adequada de pessoas com perfis altamente criativos ou inovadores.
10% a 20%	**Conformistas** Esta deveria ser a proporção adequada de pessoas com perfis altamente reformadores ou conformistas. Entre outros aspectos, eles fornecem excelente suporte para criação, contribuindo para o funcionamento da equipe.
Até 10%	**Orientadas para os detalhes** Pessoas orientadas para os detalhes. Toda equipe precisa de pessoas para controlar, por exemplo, o orçamento.

Siga o link para o Capítulo 1 do livro "Gênio organizador: segredos de colaboração criativa" de Warren Bennis e Patricia Ward Biederman, no nytimes.com.

Cocriação

> *Cocriação é uma sofisticada abordagem de colaboração técnica que reúne pontos de vista distintos para fornecer uma compreensão fundamentalmente melhor do problema de um cliente e avaliar o mais vasto conjunto de possíveis soluções técnicas.*
>
> Süleyman Özmens[1]

Atualmente é quase impossível para um único indivíduo se intitular autoridade em determinado assunto, dada a velocidade das mudanças que assistimos no mundo hoje.

O fluxo de inovação tem muita dificuldade em se expressar através das estruturas hierárquicas mais tradicionais. Nessas estruturas as determinações oriundas dos superiores não costumam ser questionadas, mas simplesmente cumpridas. Subordinados costumam não ter oportunidade, nem coragem, de se manifestar, embora muitas vezes tenham opiniões contrárias às determinações superiores.

Invariavelmente, as decisões individuais hierarquicamente superiores são transferidas de forma não compartilhada, promovendo resistência em diversos níveis das organizações. Em estruturas mais tradicionais não se percebe que o conhecimento de todos tende a ser maior que o conhecimento individual. Não se percebe que o conhecimento compartilhado muito frequentemente permite gerar menores custos e evita fracassos individuais.

Nós seremos capazes de resolver problemas não através da decomposição analítica de grandes questões em partes menores, mas apresentando o problema complexo para a inteligência coletiva e deixá-la, de forma holística, expressar a solução.
Marcio Saito[2]

Quanto mais as pessoas trabalham de forma isolada, mais demoradas e menos transparentes serão as mudanças. A produção coletiva de soluções gera motivação, reduz críticas, acelera correções, promove redução de gastos, amplia a satisfação no ambiente de trabalho e evita desgastes e confrontos.

Com o ritmo das mudanças crescendo e o ambiente de negócios se tornando mais e mais complexo, será cada vez mais difícil para um pequeno grupo de altos executivos traçar os rumos da renovação empresarial. Por isso, a responsabilidade por definir normas precisa ser dividida com muitos.

Além disso, somente processos participativos podem engendrar compromissos sinceros com mudança proativa. Visão e *insight*, e não poder e posição, devem determinar quem terá voz na definição dos rumos das empresas.

Organizações de alto desempenho estão adotando novos modelos de trabalho para utilizar a inteligência coletiva da organização e suas redes para conceber novas ideias e soluções para o aumento da rentabilidade e do crescimento.
Liderando em uma Economia Conectada, IBM[3]

Uma hierarquia natural requer líderes naturais, indivíduos capazes de mobilizar os outros, mesmo sem ter autoridade formal. No futuro, os líderes deixarão de ser vistos como grandes visionários, tomadores de decisão solitários ou rígidos disciplinadores. Em vez disso, os arquitetos sociais terão um papel estratégico na alta administração. Os novos líderes terão o papel de criar ambientes nos quais todos os funcionários tenham oportunidade de colaborar, inovar e brilhar.

Engajar clientes e fornecedores nos processos cocriativos se torna fundamental. Em toda a cadeia de valor, envolver parceiros na rede de plataformas de serviços e processos ou produtos permite criar experiências mais significativas e um maior engajamento das organizações, transformando fornecedores e clientes em verdadeiros parceiros.

Siga o link para a excelente página "Cultivando uma colaboração técnica efetiva", em www.shell.com.

A mente intuitiva do líder

Julgamentos deliberados não são, como regra geral, mais precisos que julgamentos intuitivos. Em ambos os casos, a precisão depende da adequação entre regra e ambiente.

Arie Kruglanski e Gerd Gigerenzer[1]

Os relatórios, que você havia pedido na véspera, chegaram e parecem estar OK. Os e-mails foram aparecendo, como era esperado, e também não trouxeram grandes surpresas. Você falou com quem tinha que falar. Aparentemente está tudo em absoluta ordem, exceto aquele sentimento difuso, que vem de dentro de você, e parece tentar insistentemente avisá-lo que alguma coisa está errada!

Você já teve esse sentimento? Intuição, sentimento ou sexto sentido são algumas das palavras que executivos costumam utilizar para explicar como algumas ideias surgem em suas mentes. Pois bem, é oportuno dizer que, nas últimas décadas, um grande número de estudos cuidadosos tem revelado a importância da intuição no processo de decisão, dentro e fora das organizações. Pode-se dizer que os resultados têm sido mais surpreendentes para os cientistas do que para os executivos. Grandes executivos tendem a reconhecer mais sistematicamente o valor de seus próprios instintos.

Eu só posso lhe falar de minha experiência pessoal. Ao tomar uma decisão de menor importância (...) eu sempre achei proveitoso considerar todos os prós e contras. Em assuntos vitais, no entanto, tais como a escolha de uma companheira ou uma profissão, a decisão deve vir do inconsciente, de algum lugar dentro de nós mesmos.
Sigmund Freud[2]

De fato, executivos utilizam amplamente a intuição para tomar decisões complexas, especialmente quando métodos mais analíticos e lógicos simplesmente parecem ser inadequados ou não dão conta do recado. Um estudo realizado na década de 1990 com nada menos 1.300 altos dirigentes de organizações em nove países revelou que, para os executivos, a intuição é uma habilidade considerada fundamental em áreas como: estratégia corporativa e planejamento, recursos humanos, marketing, pesquisa e desenvolvimento, relações públicas e investimento e diversificação.[3] Muitas companhias determinaram estratégias de negócio com base na intuição, um processo mais racional do que se imaginava.

Ralph S. Larsen, presidente e CEO da Johnson & Johnson, explica a importância da intuição mais ou menos assim: muitas vezes, gerentes de níveis intermediários constroem carreiras excepcionais baseando suas decisões em metodologias quantitativas e, por isso mesmo, são convidados a assumir posições mais elevadas e estratégicas nas organizações. Ocorre que eles começam a lidar com problemas mais complexos e situações muito mais ambíguas, e os bons e bem fundamentados métodos de análise parecem não funcionar como deveriam... "É um problema, é um grande problema".[4]

Não é por acaso que empresas já começam a avaliar a intuição como característica desejável em entrevistas de emprego. Tomando emprestado as palavras de Alden Hayashi[5], a capacidade de utilizar adequadamente a intuição como uma habilidade mental pode ser um daqueles elementos que diferenciam homens de meninos.

(...) esperança e intuição dão asas aos pés. A razão calculadora se move com dificuldade muito atrás, procurando melhores apoios, porque a razão também aspira atingir esse sublime objetivo que sua divina camarada (a intuição) há muito já atingiu.
Friedrich Nietzsche[6]

É importante ressaltar que não estamos afirmando que intuição é um processo caótico e místico. O mais adequado é dizer que a mente humana pode operar de diferentes formas. Podemos, por exemplo, raciocinar deliberada e conscientemente, de forma mais metódica e sequencial, focando nossa atenção e mobilizando de forma explícita ferramentas lógicas e matemáticas que conhecemos. Esse modo de funcionamento é excelente, por exemplo, quando temos todo o tempo do mundo e todas as informações que precisamos para tomar decisões. Vamos ser sinceros: com que frequência isso acontece?

Podemos então falar em um outro modo de funcionamento da mente. Ele parece ser mais rápido e não exigir nosso esforço consciente. Em geral as informações são tratadas incessantemente em nossa mente, mas nós sequer tomamos conhecimento de que isso está acontecendo até as ideias simplesmente se mostrarem para nós. As ideias parecem sair de algum lugar de dentro de nós e normalmente estão acompanhadas de sentimentos que podem ser negativos ou positivos. Esse modo de funcionamento também parece ser capaz de identificar relações entre eventos aparentemente totalmente desconexos e nos surpreender com novas e elegantes formas de ver as coisas. Esse modo de funcionamento pode ser excelente, especialmente quando precisamos ter ideias criativas.

O *insight* intuitivo caminha lado a lado com a experiência. É mais fácil, por exemplo, ter uma intuição depois de anos de profissão ou de trabalhar duro em um problema. A segurança do conhecimento parece fazer brotar com mais facilidade a capacidade intuitiva. Ao que parece, uma boa utilização da intuição demanda "tempo de praia", experiência. Conhecimento tácito que é acumulado, muitas vezes dolorosamente, ao longo do tempo desempenha papel fundamental no processo. Conhecimento que muitas vezes é muito pouco formalizado pode fazer toda a diferença.

Algumas sugestões para você se beneficiar de sua intuição!

Algumas pessoas desenvolvem de forma consciente a própria intuição, mas, infelizmente, a grande maioria das pessoas aprende a ignorá-la. A escolarização formal, por exemplo, pode ser uma grande inimiga da intuição. Somos sistematicamente ensinados a duvidar de nossos sentimentos. Quando um sentimento intuitivo surge, uma mente "educada" imediatamente pensa algo como: "não acredito que isso funcione". Muitas vezes, boas e valiosas ideias são simplesmente desperdiçadas.

Para Daniel Insberg[7], executivos experientes utilizam habitualmente sua intuição com objetivos diferentes. Para ele, executivos mobilizam sua intuição, por exemplo, para identificar problemas quando eles ainda não são evidentes; para integrar informação dispersa de forma criativa e produtiva; para conferir, como uma segunda opinião, resultados de análises mais racionais; ou para substituir análises mais profundas e demoradas, sem prejuízo para a qualidade das decisões.

Mentes criativas | 121

Não se deve inferir do presente trabalho que a consciência é especialmente estúpida e que o inconsciente é inteligente. Em vez de fazer tais categorizações, parece proveitoso examinar mais de perto os pontos fortes e fracos de ambos os sistemas.
Ap Dijksterhuis[8]

Grandes empreendedores têm coragem de usar seus instintos, mesmo quando eles apontam caminhos diametralmente opostos aos que a razão e a análise mais tradicional sugerem. Nesse sentido, pode-se dizer que ter medo de errar não ajuda muito. O medo constante de errar inibe a intuição e reduz a chance de a usarmos em nosso favor.

Já o investimento na curiosidade nos leva a mais acúmulo de conhecimento. Estarmos atentos pode ajudar a entender que oportunidades de aprendizado estão em todos os momentos e lugares. Dar espaço para que o instinto se manifeste não é tarefa fácil, mas, com compromisso e treino, todos podem fazê-lo.

Fazer perguntas, não só aos outros, mas especialmente a nós mesmos, parece ser uma boa estratégia. Formular perguntas na cabeça ajuda a organizar dúvidas e problemas, além de ativar a intuição.

Os sonhos são tidos por especialistas como manifestações diretas do nosso inconsciente. Como a intuição nasce e habita, na maior parte do tempo, fora da consciência, prestar atenção aos nossos sonhos pode ser uma boa forma de acessar e entender nossas intuições.

Para muitas pessoas, a intuição é um tipo de força misteriosa que envolve algum tipo de experiência mística e transcendental. Para nós, a intuição simplesmente é outra forma de pensar, um instrumento muito prático, sempre disponível para ajudar em tomadas de decisão e na solução de problemas. No fundo, ouvir a intuição pode ajudar a aceitar de forma mais aberta os desafios da nossa vida cotidiana.

O fato é que todos podemos ser mais intuitivos. Acreditamos que pessoas mais felizes são, frequentemente, mais intuitivas. Consciente ou inconscientemente elas seguem seus instintos mais viscerais. A intuição está intimamente ligada à criatividade e, no fundo, quando nos afastamos de nosso lado intuitivo nos afastamos também de nosso lado mais criativo.

Como ser mais inovador?

> *Criatividade é apenas conectar as coisas. (...) Muitas pessoas em nossa indústria não tiveram experiências muito diversificadas. Então, elas não têm pontos suficientes para conectar e acabam produzindo soluções muito lineares, sem uma perspectiva mais ampla do problema. Quanto mais amplo for o entendimento de uma pessoa sobre a experiência humana, melhor será o design resultante.*
>
> Steve Jobs[1]

Praticamente todos os especialistas que conhecemos costumam apontar mais ou menos a mesma coisa: todas as pessoas podem ser criativas e todas podem ser inovadoras também. Você discorda?

Partindo da ideia de que todos podemos ser criativos e inovadores, você poderia perguntar: OK, mas como ser mais criativo e inovador? Bem, nesse caso a frase de Steve Jobs que abre este capítulo pode ser bastante útil.

Se alguém revela não ler ou escrever não é porque não tenha capacidade para essas tarefas, mas porque não teve a oportunidade de aprender. Com o pensamento criativo acontece a mesma coisa.
Ken Robinson[2]

Se precisamos conectar pontos para sermos criativos, a primeira coisa que pode vir à cabeça é: como conseguir os pontos? A resposta é simples: vivendo. Simplesmente viva e preste atenção às coisas que estão à sua volta. Converse com pessoas, leia, observe! Quanto mais você puder fazer essas coisas, mais pontos poderá coletar!

Nós realmente acreditamos que todas as pessoas podem ser inovadoras. Nós reunimos aqui algumas sugestões bastante simples para quem deseja ser mais inovador. Acreditamos que elas poderão ser úteis para muitas pessoas.

Em primeiro lugar, acreditamos que as pessoas devem escolher com sabedoria o seu ofício. Pessoas inovadoras têm uma coisa em comum: elas amam o que fazem. O trabalho para elas é, antes de tudo, um prazer. Esse gostar se reflete em entusiasmo.

Dedicação ao trabalho também é fundamental e no fundo é, em parte, consequência de gostar do que se faz. Para ser inovador precisamos inicialmente entender o nosso ofício. Não existe inovação sem essa dedicação. As grandes ideias surgem depois que realmente entendemos os problemas que estamos enfrentando.

Conecte-se com outros profissionais. Converse, discuta ideias. Boa parte do trabalho inovador é produzida em equipes. A troca de ideias é fundamental para a criação. Conversar amplia imensamente o número de pontos a conectar!

Desafie os seus hábitos. Busque ativamente experimentar o novo. Pode ser uma nova cultura, uma nova cidade. Pessoas mais abertas tendem a ser mais curiosas, a buscar coisas novas, a viver as emoções de forma mais intensa. Michalko faz sugestões bem interessantes: utilize caminhos diferentes para ir para o trabalho, vá dormir em horários diferentes, mude suas horas de trabalho, ouça novas rádios a cada dia, faça novos amigos, tente restaurantes novos, novas receitas, mude o canal da TV. Procure sair da rotina e desligue o piloto automático.

Exercite sua mente. A maioria das pessoas investe algum tempo para ficar em forma física. Invista parte do seu tempo para manter a sua mente em forma. Você sabe quando está fora de forma porque é visível! Saber que nossa mente está fora de forma não é tão fácil! Pense. Faça anotações. Leia livros interessantes. Assista documentários. Leia biografias. Como veremos no próximo capítulo, participar de oficinas ou cursos sobre criatividade pode trazer grandes benefícios. E normalmente é bem divertido!

Perceba o movimento. Frequentemente pensamos na vida como uma coisa estática. Muitas vezes nós esquecemos que tudo está em permanente mudança. Você é o mesmo desde que nasceu? Seu trabalho e sua equipe sempre foram assim? O fato é que a gente muda. A visão do mundo como um sistema dinâmico nos liberta do imediato e nos permite enxergar o passado em perspectiva e o futuro como ele poderia vir a ser.

Persevere. A perseverança é outra característica das pessoas inovadoras. Os Beatles e a escritora J. K. Rowling (Harry Potter) têm algo em comum. Os Beatles fizeram um teste em uma gravadora e foram recusados. Na época a gravadora afirmou que grupos com guitarras estariam fora de moda e que os Beatles não teriam futuro no *show business*! J. K. Rowling apresentou seu primeiro livro a vários editores diferentes. Muitos disseram que o livro nunca venderia, que não tinha valor. Esses são apenas dois exemplos. Essa lista poderia ser muito maior! Não pare no primeiro obstáculo.

Cultive sua criatividade natural. Muitas ideias surgem para nós em momentos bastante distintos. Durante o banho, numa reunião enfadonha, praticando exercícios, dormindo. Fique atento a esses momentos.

Finamente, cultive o bom humor. Atitude positiva e bom humor são extremamente positivos para a geração de ideias. Como observa Ken Robinson, quando alguém afirma que não é criativo ainda não entendeu o que criatividade é.

Siga o link para o fantástico vídeo "Como construir confiança na sua criatividade", com David Kelley, em ted.com (legendas em português).

Que tal treinar sua criatividade?

> *Costumamos dizer que o maior trabalho que temos é ensinar um empregado recém-contratado como falhar de forma inteligente. Nós temos que treiná-lo para experimentar mais e mais, e continuar tentando e falhando até que ele aprenda o que vai funcionar.*
>
> Charles F. Kettering[1]

Você participaria de um treinamento de criatividade ou indicaria ou apoiaria esse tipo de treinamento para sua equipe? Atualmente, grande parte dos gestores desconfia desse tipo de treinamento.

Obviamente, existem bons e maus treinamentos, e o resultado de qualquer trabalho depende tanto dos instrutores quanto dos alunos. Entretanto, após muitos anos de pesquisa em organizações, podemos dizer que treinamentos do gênero efetivamente podem aumentar a criatividade das equipes.

Uma das maiores confirmações disso veio de um trabalho de pesquisadores da Universidade do Oklahoma. Os pesquisadores consolidaram os resultados de nada menos que setenta outros estudos sobre o treinamento da criatividade. Ao todo, participaram desses treinamentos 4.210 pessoas.[2]

As conclusões do estudo foram claras. Os treinamentos de criatividade foram eficazes e tiveram efeito positivo sobre itens como produção de ideias, processo criativo, imaginação, capacidade de resolver problemas, performance no trabalho e sobre atitudes e comportamentos.[3]

De fato, resultados de treinamento sobre criatividade podem ser diretamente observados nos cérebros das pessoas. Um estudo da Universidade de Graz, na Áustria, utilizou a ressonância magnética funcional (*Functional Magnetic Resonance Imaging* – FMRI) para estudar a criatividade. Os pesquisadores testaram 31 estudantes universitários e concluíram que determinados estímulos ao pensamento promoveram um aumento na originalidade, e este aumento de desempenho pode ser associado a um aumento de atividade neuronal em uma parte específica do cérebro. Em outras palavras, eles literalmente conseguiram ver no cérebro um aumento de criatividade promovido por um tipo de treinamento mental.[4]

Frases perfeitas para acabar com a inovação

> *Muitos negócios são geridos de tal forma que as ideias criativas dos empregados são esmagadas.*
>
> Teresa Amabile[1]

A seguir apresentamos frases que podem ser utilizadas para aniquilar a criatividade e a inovação em sua organização. Você não precisa ser original – essas ideias têm sido repetidas tantas vezes que é possível encontrar listas como essas em qualquer lugar.

Se você deseja acabar com a criatividade em sua organização sugerimos utilizar pelo menos um dessas frases por dia! Em pouco tempo você vai ver a diferença!

1. Nós sempre fizemos as coisas dessa forma.
2. Isso nunca vai funcionar.
3. Nós já tentamos isso antes.
4. Isso nunca foi tentado antes.
5. Vamos criar um grupo de trabalho para examinar essa ideia.
6. A chefia nunca vai aceitar essa ideia.
7. Alguém já tentou isso antes?

8. Isso não está no orçamento.
9. Eu conheço uma pessoa que tentou isso e foi demitida.
10. Time que está ganhando não se muda.
11. Isso não é nosso trabalho.
12. Isso não é problema nosso.
13. Nós não temos tempo para isso.
14. Essa ideia é interessante... mas...
15. Essa mudança é muito radical.
16. Aqui nós já temos um jeito de fazer as coisas.
17. É melhor não mexer, vamos deixar como está.
18. As pessoas vão rir da nossa ideia.
19. Mas vai dar um trabalho danado...
20. A equipe não vai topar esse desafio.

Siga o link para o texto "5 frases que matam ideias inovadoras", na exame.com.

Referências

APRESENTAÇÃO

[1] TWAIN, Mark. **Notebook:** the complete works of Mark Twain. New York: Harper and Brothers, 1909.

PARTE 1 – INTRODUÇÃO

[1] DRUCKER, P. F. The discipline of innovation. **Harvard Business Review**, 76 (6), p. 149-157, 1998.

Criatividade e inovação

[1] LEVITT, Theodore. **On marketing.** Boston: Harvard Business School Press, 1991.

[2] MICHALKO, Michael. **Thinkertoys:** a handbook of creative-thinking techniques. Emeryville: Ten Speed Press, 2006.

[3] PORTER, E. F. Coat seeds with polymers. **Chemtech**, v. 8, n. 5, p. 284-287, Washington, 1978.

[4] MICHALKO, Michael. **Thinkertoys:** a handbook of creative-thinking techniques. Emeryville: Ten Speed Press, 2006.

[5] STEWART, Ray F (1992). **Temperature sensitive seed germination control.** Patente. 1992. Disponível em: <www.google.com/patents/WO1992010081A1?cl=en>. Acesso em: 02 out. 2014.

[6] PRATHER, C. **The Manager's Guide to Fostering Innovation and Creativity in Teams.** New York: Briefcasebooks, 2010.

[7] SHALLEY, C. E.; ZHOU, J.; OLDHAM, G. R. The effects of personal and contextual characteristics on creativity: Where should we go from here? **Journal of Management**, 30(6), 2004.

[8] AMABILE, T. M.; CONTI, R.; COON, H.; LAZENBY, J.; HERRON, M. Assessing the work environment for creativity. **Academy of Management Journal**, 39(5), p. 1154-1184, 1996.

[9] Ibidem.

[10] ADAIR, John. **Leadership for Innovation.** London: Kogan Page, 2007.

[11] PRATHER, C. **The Manager's Guide to Fostering Innovation and Creativity in Teams.** New York: Briefcasebooks, 2010.

[12] Ibidem.

[13] WEST, M. A.; & FARR, J. L. Innovation at work. *In*: WEST, M. A.; FARR, J. L. (eds.) **Innovation and creativity at work:** psychological and organizational strategies (p. 1-32). Chichester, United Kingdom: Wiley, 1990.

Perspectivas

[1] CARSON, Ben. **Gifted Hands:** the Ben Carson story. Grand Rapids: Zondervan Publishing, 1991.

[2] ANDERSEN, Erika. 21 Quotes From Henry Ford On Business, Leadership And Life. **Forbes**, may 31, 2013. Disponível em: <http://www.forbes.com/sites/erikaandersen/2013/05/31/21-quotes-from-henry-ford-on-business-leadership-and-life/>. Acesso em: 02 out. 2014.

[3] General George Smith Patton. Disponível em: <http://www.generalpatton.com/>. Acesso em: 02 out. 2014.

Não é uma questão de dinheiro!

[1] KIRKPATRICK, David. The Second Coming of Apple. **Fortune**, nov. 9, 1998.

[2] WIKIQUOTE. **Thomas Edison.** Disponível em: <http://en.wikiquote.org/wiki/Thomas_Edison>. Acesso em: 02 out. 2014.

Quem inventou a lâmpada?

[1] WIKIQUOTE. **Elbert Hubbard.** Disponível em: <http://en.wikiquote.org/wiki/Elbert_Hubbard>. Acesso em: 02 out. 2014.

[2] WIKIQUOTE. **Thomas Edison.** Disponível em: <http://en.wikiquote.org/wiki/Thomas_Edison>. Acesso em: 02 out. 2014.

[3] WIKIPÉDIA. **Incandescent light bulb.** Disponível em: < http://en.wikipedia.org/wiki/Incandescent_light_bulb>. Acesso em: 02 out. 2014.

[4] Ibidem.

[5] WIKIPÉDIA. **Thomas Edison.** Disponível em: <http://en.wikipedia.org/wiki/Thomas_Edison>. Acesso em: 02 out. 2014.

[6] Ibidem.

[7] Ibidem.

[8] Ibidem.

Diálogo empreendedor

[1] DRUCKER, P. F. The discipline of innovation. **Harvard Business Review**, 80, 95, 2002.

[2] SHAW, B. **Back to Methuselah.** London: Penguin, 1990.

Aonde sua organização quer chegar?

[1] CARROLL, L. **The Annotated Alice:** Alice's adventures in Wonderland and through the looking-glass. New York: New American Library, 1960.

[2] PRATHER, C. **The Manager's Guide to Fostering Innovation and Creativity in Teams.** New York: Briefcasebooks, 2010.

[3] Ibidem.

Qual é a ambição de sua organização?

[1] DAVILA, Tony; EPSTEIN, Marc J.; SHELTON, Robert. **As Regras da Inovação:** como gerenciar, como medir e como lucrar. São Paulo: Bookman, 2006.

[2] NAGJI, B.; TUFF, G. Managing your innovation portfolio. **Harvard Business Review**, 90, p. 66-74, 2012.

[3] Ibidem.

[4] Ibidem.

[5] VARADARAJAN, R. Fortune at the bottom of the innovation pyramid: The strategic logic of incremental innovations. **Business Horizons**, 52(1), p. 21-29, 2009.

[6] TRIMBLE, Chris; GOVINDARAJAN, Vijay; GOVINDARAJAN, Vijay. No Innovation Without Ambition. **Bloomberg Business Week**, may 18, 2009. Disponível em: <http://www.businessweek.com/innovate/content/may2009/id20090518_357315.htm>. Acesso em: 02 out. 2014.

[7] DAVILA, T.; EPSTEIN, M. J.; SHELTON, R. **Making Innovation Work:** how to manage it, measure it, and profit from it. Upper Saddle River: Pearson Education, 2006.

[8] NAGJI, B.; TUFF, G. Managing your innovation portfolio. **Harvard Business Review**, 90, p. 66-74, 2012.

Inovação incremental no Google?

[1] SAITO, William H. Economist debates. Innovation models. **The Economist**, march 11, 2011. Disponível em: <http://www.economist.com/debate/days/view/668>. Acesso em: 02 out. 2014.

[2] NAGJI, B.; TUFF, G. Managing your innovation portfolio. **Harvard Business Review**, 90, p. 66-74, 2012.

[3] Ibidem.

[4] SAITO, William H. Economist debates. Innovation models. **The Economist**, march 11, 2011. Disponível em: <http://www.economist.com/debate/days/view/668>. Acesso em: 02 out. 2014.

[5] NAGJI, B.; TUFF, G. Managing your innovation portfolio. **Harvard Business Review**, 90, p. 66-74, 2012.

[6] HURMELINNA-LAUKKANEN, P.; SAINIO, L. M.; JAUHIAINEN, T. Appropriability regime for radical and incremental innovations. **R & D Management**, 38(3), p. 278-289, 2008.

Empreendedorismo e Inovação

[1] DUANE IRELAND, R.; WEBB, J. W. Strategic entrepreneurship: creating competitive advantage through streams of innovation. **Business Horizons**, 50(1), p. 49-59, 2007.

[2] GARVIN, D. A.; LEVESQUE, L. C. Meeting the challenge of corporate entrepreneurship. **Harvard Business Review**, 84, p. 102-112, 2006.

[3] SCHULTZ, Howard. **Onward:** how Starbucks fought for its life without losing its soul. New York: Rodale Books, 2011.

PARTE 2 – SEM INOVAÇÃO NÃO HÁ SALVAÇÃO!

[1] DRUCKER, Peter F. **Inovação e Espírito Empreendedor (entrepreneurship):** prática e princípios. São Paulo: Pioneira, 1986.

Inovar para sobreviver

[1] FOSTER, R. N.; KAPLAN, S. **Creative destruction:** why companies that are built to last underperform the market, and how to successfully transform them. New York: Currency/Doubleday, 2001.

[2] Ibidem.

[3] SCHUMPETER, Joseph A. **Capitalism, Socialism, and Democracy.** New York: Harper and Brothers, 1942.

[4] Ibidem.

[5] EGAN, T. M. Factors Influencing Individual Creativity in the Workplace: an examination of quantitative empirical research. **Advances in Developing Human Resources**, 7, p. 160-181, 2005.

[6] HAMEL, Gary; SAMPLER, Jeff.The e-corporation more than just web-based, it's building a new industrial order. **Fortune**, dec. 7, 1998. Disponível em: <http://archive.fortune.com/magazines/fortune/fortune_archive/1998/12/07/252120/index.htm>. Acesso em: 02 out. 2014.

Organização e adaptação

[1] MEGGINSON, Leon. Lessons from Europe for American Business, **Southwestern Social Science Quarterly**, 44(1): 3-13, p. 4, 1963.

[2] WHITEHEAD, Alfred North. **Process and Reality:** an essay in cosmology. New York: Macmillan, 1929.

[3] HEACOCK, Paul E. **Basic Relationship and Leadership Strategies:** commonsense ideas on how to get along better with the important people in your life. New York: Trafford Publishing, 2014.

[4] BASADUR, M.; GELADE, G.; BASADUR, T. Creative Problem-Solving Process Styles, Cognitive Work Demands, and Organizational Adaptability. **Journal of Applied Behavioral Science**, 50(1), p. 80-115, 2014.

Questões sociais e inovação

[1] INBAR, Efraim. **Rabin and Israel's National Security**. Baltimore: Johns Hopkins University Press, 1999.

[2] Depois da ideia original de STAMM, Bettina von; TRIFILOVA, Anna (ed.). **Future of Innovation.** Farnham, Surrey, GBR: Ashgate Publishing Group, 2009.

Reinventando a responsabilidade social.

[1] KNOWLEDGE @ WHARTON. **Muhammad Yunus, Banker to the World's Poorest Citizens, Makes His Case.** Mar. 09, 2005. Disponível em: <http://knowledge.wharton.upenn.edu/article/muhammad-yunus-banker-to-the-worlds-poorest-citizens-makes-his-case/>. Acesso em: 03 out. 2014.

[2] YUNUS, Muhammad. Eliminating poverty through market-based social entrepreneurship. **Global Urban Development**, 1, p. 1-10, 2005.

[3] AFROREGGAE. Disponível em: <http://www.afroreggae.org/>. Acesso em: 03 out. 2014.

A Lei do Bem é boa mesmo!

[1] BRASIL. Lei nº 11.196, de 21 de novembro de 2005. **Portal da Legislação.** Disponível em: <http://www.planalto.gov.br/ccivil_03/_ato2004-2006/2005/lei/l11196.htm>. Acesso em: 03 out. 2014.

[2] BRASIL. Lei do Bem – Capítulo III. **Portal do Ministério da Ciência, Tecnologia e Inovação.** Disponível em: <http://www.mct.gov.br/index.php/content/view/8586.html>. Acesso em: 03 out. 2014.

[3] SALUM, Fabian; ARRUDA, Carlos; GRISOLIA, Luiza; PEREIRA, Raoni. Inovação nas médias empresas brasileiras um desafio para a competitividade. **Caderno de Ideias**; CI 1204. Nova Lima: Fundação Dom Cabral, 2012.

[4] Ibidem.

Inovadora e bem brasileira

[1] FRIEDMAN, Thomas L. **The Lexus and the Olive Tree:** understanding globalization. New York: Farrar, Strauss and Giroux, 1999.

[2] EMBRAPA. A pesquisa e a sustentabilidade agrícola do Brasil. **Balanço Social 2011.** Disponível em: <http://bs.sede.embrapa.br/2011/>. Acesso em: 03 out. 2014.

[3] Carta de Pero Vaz de Caminha a El Rei D. Manuel. Disponível em: <http://portal.iphan.gov.br/portal/baixaFcdAnexo.do?id=572>. Acesso em: 22 out. 2014.

[4] FAST COMPANY. **Brazil's 10 most innovative companies.** Mar. 29, 2011. Disponível em: <http://www.fastcompany.com/1738946/brazils-10-most-innovative-companies>. Acesso em: 03 out. 2014.

[5] ANDRADE, Thales Novaes; MOREIRA Jr., Airton. Aperfeiçoamento gerencial e inovação tecnológica. **Sociologias [online]**, n. 22, p. 198-23, 2009.

[6] EMBRAPA. A pesquisa e a sustentabilidade agrícola do Brasil. **Balanço Social 2011**. Disponível em: <http://bs.sede.embrapa.br/2011/>. Acesso em: 03 out. 2014.

PARTE 3 – ESTIMULANDO A CRIATIVIDADE E A INOVAÇÃO

[1] THE GOODMAN CENTER. **How to Avoid Brainstorming's Hidden Trap**. Oct. 1999. Disponível em: < http://www.thegoodmancenter.com/resources/newsletters/how-to-avoid-brainstormings-hidden-trap/>. Acesso em: 03 out. 2014.

Radares, cenouras e inovação!

[1] WORLD CARROT MUSEUM. **Carrot History:** carrots in World War Two. Disponível em: <http://www.carrotmuseum.co.uk/history4.html>. Acesso em: 03 out. 2014.

[2] Ibidem.

[3] ROYAL AIR FORCE. **The Battle of Britain**. Disponível em: <http://www.raf.mod.uk/history/thebattleofbritain.cfm>. Acesso em: 03 out. 2014.

Gestão da criatividade e da inovação

[1] HALBESLEBEN, J. R. B.; NOVICEVIC, M. M.; HARVEY, M. G.; BUCKLEY RONALD, M. R. Awareness of temporal complexity in leadership of creativity and innovation: A competency-based model. **Leadership Quarterly**, 14(4-5), p. 433-454, 2003.

[2] DAVIS, T. **Innovation and Growth:** a global perspective. London: PricewaterhouseCoopers, 2000.

Começando pela Missão, Visão e Valores

[1] SHAW, B. **Back to Methuselah**. London: Penguin, 1990.

[2] CHANG, Larry. **Wisdom for the Soul:** Five Millennia of Prescriptions for Spiritual. Washington: Gnosophia Publishers, 2006.

Clima como metáfora para criar e inovar

[1] DHIRAVAMSA, Ajahn. *In*: COUSINS, Norman. **Human Options**. New York: W. W. Norton & Company, 1981.

[2] MAJARO, Simon. **The Creative Gap**. Upper Saddle River: Longman, 1988.

Como melhorar o clima?

[1] BENNIS, Warren G.; BIEDERMAN, Patricia Ward. **Organizing Genius:** the secrets of creative collaboration. Reading, MA: Addison-Wesley, 1997.

[2] ISAKSEN, S. G.; LAUER, K. J.; EKVALL, G. Situational outlook questionnaire: A measure of the climate for creativity and change. **Psychological Reports**, 85, p. 665-674, 1999.

[3] AMABILE, T. M.; CONTI, R.; COON, H.; LAZENBY, J.; HERRON, M. Assessing the work environment for creativity. **Academy of Management Journal**, 39(5), p. 1154-1184, 1996.

Estratégia, inovação e eficácia

[1] WIKIQUOTE. **Carl Schurz.** Disponível em: <en.wikiquote.org/wiki/Carl_Schurz>. Acesso em: 03 out. 2014.

Oito passos para gerar empresas inovadoras

[1] FIRST, Zach. Measurement Myopia. **Drucker Institute**, jul. 14, 2013. Disponível em: <http://www.druckerinstitute.com/2013/07/measurement-myopia/>. Acesso em: 03 out. 2014.

Avalie o clima em sua equipe

[1] AMABILE, T. M.; KHAIRE, M. Creativity and the role of the leader. **Harvard Business Review**, 86(10), p. 100-109, 2008.

Qual é o estágio de desenvolvimento da sua empresa?

[1] SHERMAN, Stratford; FACCIO, Marisa. Stand by Your Change Agent. **Strategy+Business**, n. 53, winter 2008, nov. 25, 2008. Disponível em: <http://www.strategy-business.com/article/08403>. Acesso em: 03 out. 2014.

[2] Ibidem.

[3] Ibidem.

PARTE 4 – MENTES CRIATIVAS

[1] FLORIDA, R.; GOODNIGHT, J. Managing for creativity. **Harvard Business Review**, 83, p. 125-131, 2005.

Árvores coloridas

[1] PETER, Laurence J. **Peter's Quotations:** ideas for our time. New York: Bantam Books, 1970.

[2] COELHO, Francisco. Árvores coloridas. **Revista Plantas e Jardinagem**, out. 2010.

[3] WIKIQUOTE. **Albert Einstein.** Disponível em: <http://en.wikiquote.org/wiki/Albert_Einstein>. Acesso em: 03 out. 2014.

[4] AZZAM, A. Why Creativity Now? A Conversation with Sir Ken Robinson. **Educational Leadership**, 67(1), p. 22-26, 2009.

[5] WIKIQUOTE. **Albert Einstein.** Disponível em: <http://en.wikiquote.org/wiki/Albert_Einstein>. Acesso em: 03 out. 2014.

[6] MILLER, William Interview with Albert Einstein. **LIFE Magazine**, may 2, 1955.

Adaptadores e reformadores

[1] AZZAM, A. Why Creativity Now? A Conversation with Sir Ken Robinson. **Educational Leadership**, 67(1), p. 22-26, 2009.

[2] KIRTON, M. J. Adaptors and innovators: a description and measure. **Journal of Applied Psychology**, 61, p. 622-629, 1976.

Ninguém é mais inteligente do que todos nós

[1] BENNIS, Warren G.; BIEDERMAN, Patricia Ward. **Organizing Genius:** the secrets of creative collaboration. Reading, MA: Addison-Wesley, 1997.

[2] HEACOCK, Paul E. **Basic Relationship and Leadership Strategies:** commonsense ideas on how to get along better with the important people in your life. New York: Trafford Publishing, 2014.

[3] BENNIS, Warren G.; BIEDERMAN, Patricia Ward. **Organizing Genius:** the secrets of creative collaboration. Reading, MA: Addison-Wesley, 1997.

[4] Ibidem.

[5] ROBERGE, M.-É.; VAN DICK, R. Recognizing the benefits of diversity: When and how does diversity increase group performance? **Human Resource Management Review**, 20(4): p. 295-308, 2010.

[6] MIRON-SPEKTOR, E.; EREZ, M.; NAVEH, E. To drive creativity, add some conformity. **Harvard Business Review**, 90(3), 2012.

[7] MIRON-SPEKTOR, E.; EREZ, M.; NAVEH, E. The effect of conformist and attentive-to-detail members on team innovation: Reconciling the innovation paradox. **Academy of Management Journal**, 54(4), p. 740-760, 2011.

Cocriação

[1] ÖZMEN, Süleyman. (2012). The architecture of value creation. **Shell Global**, 2012. Disponível em: <http://www.shell.com/global/products-services/solutions-for-businesses/globalsolutions/special-supplements/cultivating-effective-technical-collaboration/architecture-value-creation.html>. Acesso em: 03 out. 2014.

[2] SAITO, Marcio. **Crowdsourcing.** Disponível em: <http://marciosaito.com/category/crowdsourcing/>. Acesso em: 03 out. 2014.

[3] IBM. **Leading Through Connections:** insights from the global chief executive officer study. IBM, 2012.

A mente intuitiva do líder

[1] KRUGLANSKI, A. W.; GIGERENZER, G. Intuitive and deliberate judgments are based on common principles. **Psychological Review**, 118(1), p. 97-109, 2011.

[2] REIK, Theodor. **Listening with the Third Ear.** New York: Farrar, Straus and Giroux, 1983.

[3] PARIKH, J.; NEUBAUER, F.; LANK, A. G. **Intuition:** the new frontier of management, London: Blackwell, 1994.

[4] HAYASHI, A. M. When to trust your gut. **Harvard Business Review**, 79(2), 58-65, 155, 2001.

[5] Ibidem.

[6] NIETZSCHE, Friedrich. **Philosophy in the Tragic Age of the Greeks.** Washington: Regnery Gateway, 1962.

[7] ISENBERG, D. J. How Senior Managers Think. **Harvard Business Review**, 62 (6), p. 81-90, 1984.

[8] DIJKSTERHUIS, A. Think Different: the merits of unconscious thought in preference development and decision making. **Journal of Personality and Social Psychology**, 87 (5): p. 586-598, 2004.

Como ser mais inovador?

[1] WOLF, Gary. Steve Jobs: the next insanely great thing. **Wired**, feb. 1996.

[2] ROBINSON, Ken. **Libertando o poder criativo:** a chave para o crescimento pessoal e das organizações. São Paulo: HSM, 2012.

Que tal treinar sua criatividade?

[1] VON OECH, Roger. **A Whack on the Side of the Head**: how you can be more creative. New York: Warner Books, 1990.

[2] SCOTT, G.; LERITZ, L. E.; MUMFORD, M. D. The Effectiveness of Creativity Training: a quantitative review. **Creativity Research Journal**, 16(4),p. 361-388, 2004.

[3] SCOTT, G.; LERITZ, L. E.; MUMFORD, M. D. (2004). Types of Creativity Training: approaches and their effectiveness. **Journal of Creative Behavior**, 38(3), p. 149-179, 2004.

[4] FINK, A.; GRABNER, R. H.; GEBAUER, D.; REISHOFER, G.; KOSCHUTNIG, K.; EBNER, F. Enhancing Creativity by Means of Cognitive Stimulation: evidence from an fMRI study. **NeuroImage**, 52(4), p. 1687-1695, 2010.

Frases perfeitas para acabar com a inovação

[1] AMABILE, Teresa M. How to kill creativity. **Harvard Business Review**, 76.5, 2009.